親が「これ」をするだけで、子どもの学力は上がる！

榎本博明

GS
幻冬舎新書
657

プロローグ

「本を読むとためになる」と言われて、喜んで読む子はいない

読書が知的発達に好ましい影響を与えるということは、だれもが何となくわかっているはずです。わが子の知的発達を願う親としては、何とか本を読むようになってほしいと思うものでしょう。

そこで、「本を読むとためになるから」と言って、子どもに本を買い与えたりします。それなのに、子どもはテレビをみたり、ゲームをしたりするばかりで、一向に本を読む気配がない。いくら本を読むように言っても、まったく関心を示さないわが子を前にして、無力感に打ちひしがれる。そんなことはありませんか。

でも、子どもはだいたいそんなものではないでしょうか。「本を読むとためになるから」と言われて、「じゃ、本を読んでみよう」と思うのは、特別やる気に満ちた子であ

って、ふつうはそんなにうまくいかないものです。

大人だって、そうでしょう。「ダイエットするといいよ」と言われたときは、「たしかにそうだな。ちょっとダイエットした方がいいな」と思い、甘いものを控え、駅などのエスカレーターは使わず階段を使うようにし始めても、そのうち「今日くらいはいいか」と甘いものを食べたり、エスカレーターを使ったりしてしまう。その頻度がしだいに増えていき、そのうちダイエットのことなど忘れてしまう。思い当たる人もいるのではないでしょうか。

ダイエットに本気で根気強く取り組むには、ダイエットをするとこんな素晴らしいことがある、今真剣にダイエットをしないとこんなリスクがある、といったことを実感する必要があります。

「こうするといい」と頭ではわかっても、心から納得していなければ、本気で取り組むところまでいきません。

そこで大切なのは、読書がどのようにためになるのかをわかりやすく説明することです。そうした説明なしに、いくら促しても、本を読むようになるとは思えません。まずは親自身が、本を読むことの効用をきちんと理解しておくことが求められます。そうでないと、何を言っても説得力がありません。

いくら本を買い与えても、読むように言い含めても、一向に読む気配のないわが子に根負けして、「まあ、いいか」と諦めてしまう人も少なくないようですが、それは後々、致命的な結果をもたらす危険性もあります。できることなら、幼いうちから本を読むことを習慣づけておきたいものです。そのためにはどうしたらよいのか。それについては本文を通して考えていきましょう。

さらに、ともすると見逃しがちな大切なことがあります。それは、本を読むことの楽しさを子どもに味わってもらうことです。本の中には、今自分が暮らしている現実とは違う、もうひとつの世界があります。そこで、ワクワクするような出来事を経験することができます。

親としてわが子に本を読むようになってほしいと思っている人の中には、子どもの頃、「読書は役に立つ」「読書はためになる」「読書をした方がいい」などとさんざん言われたのに、結局あまり本を読まないまま今に至るという人も少なくないはずです。

それは、「役に立つ」とか「ためになる」と言われるばかりで、本を読む楽しさに目が向かなかったからではないでしょうか。楽しいことなら、子どもは自ら進んでやるでしょう。本を読む楽しさを体験すれば、「もういいかげんに本を読むのはやめなさい」と制止しなければいけないほど読書に没頭する子になるかもしれません。

そうなると、読書を楽しみながら語彙力や読解力が高まり、教科書や先生の説明もよく理解できるようになり、知的好奇心も高まっていきます。

このようなことについては、本文の中で詳しく説明していきたいと思います。

格差社会を生き抜くための「最強の武器」がある!

嫌な響きの言葉ですが、「格差社会」ということがよく言われるようになりました。

裕福な家庭の子どもは質の高い教育を受ける機会に恵まれ、有利な学歴を手に入れ、高収入を得るようになる確率が高いということは、以前から指摘されていました。

裕福な家庭では子どもの教育にお金をかけることができるため、経済力に裏打ちされた学力格差が生まれます。実際、学力格差の背後に経済格差が存在することを示唆するデータは数多く得られています。

海外と比べて経済格差が小さいとされていた日本も、グローバル化の影響を受け、社会階層による経済力の差が急速に拡大してきています。それと並行して、子どもたちの学力格差も拡大しつつあります。

学力の二極化ということが言われますが、「本を読まなければと思うんですけど、ほとんど読んだことがないから、先生が紹介してくれた中高生向けの本を読んでも、何だか難しくてよくわからないんです。どうしたらいいですか」と相談してくる大学生がいる一方で、私が大学生や社会人向けに書いた評論を塾の教材で読み、設問に答えている小学生たちもいて、読解力における二極化に私は驚かされます。

子どもの頃からの読書経験の積み重ねの有無で、そこまで読解力に差がついてしまうのです。

でも、そこに経済力による学力格差を乗り越えるヒントがあります。

経済的に余裕のある家庭では、業者の宣伝文句に乗せられて、子どもを塾や習い事にやたらと通わせたりします。ただし、なかには意味があるのか疑問で、こんなことに時間を費やすなんてもったいないと思わざるを得ないものも少なからずあります。

それに対して、読書は確実に学力の向上につながっていきます。読書習慣を身につけることで、語彙力や読解力が高まるだけでなく、想像力や思考力も高まります。しかも、そんなにお金をかけなくても、読書に適した環境を子どもに与えることができるのです。

詳しくは本文の中で説明したいと思いますが、ここまで読んで、「たしかにそうかもしれない。では、本文も読んでみようかな」と思う人も、「こんな話、あまり興味ないな。こんな本、読む必要ないわ」と思う人も、**言葉で考えているわけです。無意識のうちに、頭の中で言葉を連ねている。それが「考える」ということ**です。ゆえに、読書によって言葉を豊かに取り込んでいるほど、そしてさまざまな著者や登場人物の視点に触れているほど、**物事をいろんな角度から深く考えることができます。**当然のことながら、**それは学力につながっていきます。**

最も効果的で、人生の質が上がる教育投資とは

「鉄は熱いうちに打て」と言うように、幼い頃の経験がその後の人生を大きく左右する

というのは、昔からよく言われてきたことです。それは多くの人たちの人生経験から得られた知恵ですが、今では科学的にも実証されています。

労働経済学に関する研究によってノーベル賞を受賞した経済学者ヘックマンは、人生のどの時点において教育にお金をかけるのが効果的かを探る研究を行いました。その結果、就学前における教育の投資効果が絶大であることを発見したのです。

話をわかりやすくするために、簡略化して説明すると、3〜4歳の子どもたちを2つのグループに分け、片方のみ幼稚園のような場に通わせて初歩的な幼児教育のプログラムや遊びを中心とした活動に従事させるということを2年間行いました。もう一方の子どもたちは、とくに何も教育的な介入を受けませんでした。

その結果、教育的介入を受けた子どもたちのＩＱは著しく伸び、両グループの間に明らかな差がつきました。

ところが、2年間の介入後は両グループ間のＩＱの差は徐々に縮まっていき、10歳の時点ではほとんど差がなくなってしまいました。このことは、就学前に知的な早期教育を受けることが学力に与える効果は一時的なものに過ぎず、長い目でみるとまったく意味がないということになります。

ただし、その子どもたちが40歳になったときの状況を調べてみると、就学前に遊びも含めた教育的介入を受けたグループの方が、高校卒業率、収入、持ち家比率などが高く、離婚率、犯罪率、生活保護受給率は低いなど、大人になってからの人生における成功率が高いことがわかったのです。

こうしたデータをもとに、ヘックマンは、乳幼児期において重要なのは、学力に直接関係する「認知能力」（ＩＱ〈知能指数〉のような数値化できる知的能力）を鍛えることではなく、「非認知能力」をしっかりと身につけることであると結論づけました。

非認知能力というのは、自分をやる気にさせる能力、長期的な視野で行動する能力、物事に集中する能力、自分の感情をコントロールする能力、人の気持ちに共感する能力など、学力に直接は関係しない能力です。

その後の研究でも、幼児期において、我慢する力、衝動をコントロールする力、必要に応じて感情表現を抑制する力など、自己コントロール力が高いほど、大人になってからの健康度が高く、収入が高く、犯罪率が低いことが実証されています。

このように幼い頃に非認知能力をしっかり身につけることが大切というわけですが、じつは**読書は読解力などの認知能力を高めるだけでなく、非認知能力の育成にも大いに貢献する**と考えられます。

詳しくは本文の中で説明しますが、読書によってさまざまな人の人生に触れることで、視野が広がり、たとえ切羽詰まった状況でも、自分の気持ちをコントロールすることができるようになると考えられます。実際、幼児期から読書に馴染んでいた人の方が、意欲的に物事に取り組めることを示すデータもあります。

また、**幼児期から読書に馴染んでいた人の方が、人間関係能力が高い**こともわかっています。読書を通していろんな感受性や考え方の人を知ることで、人に対する共感性が高まり、周囲の人たちの気持ちや行動パターンのもつ意味に対して、想像力が働くようになるのでしょう。

また、読書を楽しむには、テレビやユーチューブなどの動画を楽しむのと違って、文字から具体的な場面を思い浮かべる必要があるため、想像力を駆使しないことには楽しむことができません。ゆえに、読書によって想像力が養われていきます。

さらには、読書はゲームなどと違ってある程度の忍耐力を必要とするため、幼い頃から読書に馴染むことで、じっくりと物事に取り組む力が養われます。

このような能力は、学力そのものに直接関係しないものの、間接的な形で学校の成績や学歴、職歴などを大きく左右することになるのです。

ネットの時代だからこそ、重要性が増す！

インターネットはとても便利な道具ですが、じつはネットの世界が大衆化してまだ二十数年にしかなりません。30代以上の大人たちはネットのない世界で子ども時代を過ごしたため、よくわからないかもしれませんが、今の子どもたちがどんな世界で育っているかにもっと目を向ける必要があるでしょう。

ネットの世界が登場して以来、絶えず検索したりＳＮＳでやりとりしたりして、外からの刺激に反応するばかりで、自分の中でじっくり考えたり、自分の内側から何かを掘り起こしたりする時間が奪われています。

それは、今の大人たちの姿を見ればわかるでしょう。

電車の中では、座席に座っている人も、揺られながら立っている人も、多くがスマホを凝視しながら、指をせわしなく動かしています。衣服や飲食店の検索をしたり、ＳＮＳで人の発言を読んだり、それに対する返信を打ち込んだり、ゲームに夢中になったりしている人が大半で、本を読んでいる人、考え事をしている人、物思いにふけっている人は圧倒的な少数派です。

そんな大人たちを見て育つ子どもたちが、本を読んだり物事をじっくり考えたりするようになるとも思えません。だからこそ、子どもたちの育つ環境を整えてあげる必要があるのです。

ネットに接続できる社会になってから、子どもや若者の集中力が著しく低下していることが、あらゆる教育現場で問題になっています。

さらには、何かあればすぐに検索する、暇な時間があればすぐにスマホを見るといった感じでネットの世界に依存しすぎて、じっくり考えるといった姿勢に乏しくなっています。自分の頭の中であれこれ考えるということを抜きにして、どこかにある答えを検索して見つけ出そうとします。

こうした傾向は、大人になってからネットの世界に触れた人と違って、ネットの世界に生まれ育つ子どもたちには深刻な問題を生じかねません。

教育の世界では、子どもたちの集中力や忍耐力の欠如が深刻視され、安易に答えを探すのではなく、深く考える姿勢を身につけさせる必要性がアピールされています。そのためにも、読書が最強の武器になります。

どのように役立つのかについては本文で詳しくみていきますが、このようなネットの時代だからこそ、自分の中に沈潜《ちんせん》し、熟考する時間が必要なのです。

ネットの時代に生まれ育つからこそ、熟考の時間をもてるように親が配慮してあげなければなりません。そうしたことも含めて、読書するということについて考えてみましょう。

そう言われても、自分自身、ほとんど本など読まないできたし、子どもに偉そうなことを言える立場ではないし……と戸惑い気味の人もいるでしょう。

別に心配はいりません。その場合は、子どものために読書環境を整えてあげることで、ついでに自己変革もしてしまえばよいのです。

具体的にどうすればよいかについては本文で説明しますが、たとえば子どもに読み聞かせをするということは、親自身も本を読むことでもあります。児童書だって立派な本ですし、語彙力や読解力の鍛錬《たんれん》になります。

子どもを図書館に連れて行き、子どもが絵本や児童書を読んでいる横で、興味のある本を読んでみるのもよいでしょう。

そうしているうちに、子どもと一緒に、語彙力・読解力が高まり、視野が広がり、思考力や想像力がよりいっそう磨かれていくはずです。

親が「これ」をするだけで、子どもの学力は上がる！／目次

第3章　文章を理解できない子どもたち　87

第4章　なぜ読書が最強の武器なのか　109

DTP　美創

第1章

読書がもたらす「ワクワク感」が発想力を高めてくれる

読書傾向の二極化は小１から始まる

読書するといいというのは、しばしば言われているにもかかわらず、多くの子どもたちにとって、読書へのハードルは高いようです。それは、親たちが「読書がためになる」ということばかりにとらわれ、読書のもつ娯楽面に目が向いていないからではないでしょうか。

そこで、この章では、読書がもたらす「ワクワク感」に注目してみたいと思います。

まずはじめに、子どもたちの読書傾向について確認しておきましょう。

２０２１年に文部科学省により小学校６年生と中学３年生を対象に実施された全国学力・学習状況調査には、「学校の授業時間以外に、普段（月曜日から金曜日）、１日当たりどれくらいの時間、読書をしますか（教科書や参考書、漫画や雑誌は除きます）」という質問があります。

それに対する小学校６年生全体の回答をみると、２時間以上＝７・５％、１時間以上２時間より少ない＝10・８％、30分以上１時間より少ない＝19・３％、10分以上30分より少ない＝23・８％、10分より少ない＝14・７％、全くしない＝23・９％となっています。

読書時間10分から１時間の子が多いものの、まったく読書をしない子が４分の１もいる一方で、毎日２時間以上読書をしている子が７・５％もいることがわかります。

また、東京大学社会科学研究所とベネッセ教育総合研究所が、２０１６年に「子どもの生活と学びに関する親子調査」を実施しています。その中に子どもたちの本を読む時間についての設問があります。

そこでは、「あなたはふだん（学校がある日）、次のことを、１日にどれくらいの時間やっていますか」と尋ね、「本を読む」時間を調べています。小学校３年生までは保護者が回答し、小学校４年生以上は子ども自身が回答しました。

小学生のデータをみると、平日に本を読む時間の平均は、小１で15・０分、小２で16・２分、小３で17・６分、小４で20・４分、小５で22・３分、小６で23・４分というように、少しずつですが学年の上昇とともに増えています。とは言っても、小１と小６の差がわずか８分しかないことに驚くかもしれません。

でも、ここでは別の面に着目したいと思います。調査データでは平均値が取りざたされるのが常ですが、もう少し詳細にみていくと、新たな発見があるものです。

このデータからわかるのは、すでに幼い子どもの頃から読書傾向の二極化が明らかにみられるということです。たとえば小3では、まったく読まない（0分）子が22・9％いる一方で、2時間以上読む子が0・8％、1時間読む子が8・3％、30分読む子が22・6％もいるのです。平均に近い15分読むという子はわずか16・5％に過ぎません。

この調査結果報告では、まったく読まない（0分）子の比率が学年の上昇とともに増えているところに着目し、読書時間は学年が上がるにつれて減少するとしていますが、小3の1日の読書時間は、0分から2時間以上まで大きくばらけているのです。

先に示したように小学生の平均読書時間でいえば、わずかずつですが、むしろ増えています。

そこで着目したいのは、まったく読まない子が学年の上昇とともに増えている一方で、2時間以上読む子が小1の0・5％から小6の4・1％まで8倍ほどに増え、1時間読む子も小1の4・7％から小6の10・2％まで2倍以上に増えていることです。

つまり、学年が上がるにつれて、長時間読書をする子も、まったく読書をしない子も、どちらも増えていく傾向がみられるのです。

ここからわかるのは、読書傾向の二極化という現象が、すでに小学校1年生の段階から始まっているということです。

なお、以下は小4から小6までを対象としたものですが、読書時間と成績の関係についてみると、まったく読まない子は、成績上位層19・8％、中位層24・3％、下位層32・3％というように、成績が良いほど少なくなっています。

逆に、2時間以上読む子は上位層5・0％、中位層3・0％、下位層2・3％、1時間読む子は上位層12・0％、中位層9・0％、下位層6・8％、30分読む子は上位層23・8％、中位層20・6％、下位層16・6％というように、長時間読書する子は成績が良いほど多くなっています。

このように、成績が良い子ほど読書時間が長いということが如実に示されています。

さらには、「論理的に（筋道を立てて）考えること」が得意な子は読書時間が長いほど多く、苦手な子は読書時間が短いほど多くなっていました。「わからないことや知らないことを調べること」についても、得意な子は読書時間が長いほど多く、苦手な子は読書時間が短いほど多くなっていました。

このようにみてくると、「わが子にも本を読ませないと」といった思いが強まったかもしれません。でも、勉強に役立つからといって読書を勧めるのは、あまり効果がないでしょう。忘れてはならないのは、かつては読書が娯楽だったということです。

今はネットやゲームの刺激に酔いしれるといった娯楽がありますが、かつては多くの子どもや若者が本の世界に没頭したものです。私自身も、本の世界に取り込まれ、残りページが少なくなると淋しくなり、「この世界から抜け出したくない」「ずっとこの世界にいたい」といった思いがこみ上げてきたりしたものでした。そうした読書の楽しさにもっと目を向けることが大切ではないでしょうか。

「テレビや映画」と「読書」が違うワケ

読書の最大の魅力は、何と言っても現実にはあり得ない経験ができることでしょう。たとえば、宝探しの冒険。遠くの島に宝探しに出かけ、その途中、同じく宝を探している海賊に襲われたり、うっかり海に落ちてしまってサメに食いつかれそうになったり、絶体絶命のピンチを何とか切り抜けていく。もうドキドキの連続です。

広々とした海に乗り出すのも魅力的ですが、海の底にも未知の世界が広がっています。そこに海底都市があり、ひとつの文明が築かれている。そんな世界を発見し、入り込めたら、もうワクワク感が溢《あふ》れ出すでしょう。

ロケットの打ち上げが珍しいことではなくなり、宇宙ステーションもできて、宇宙旅行も夢ではなくなりました。そうは言っても、ふつうの人が簡単に宇宙旅行ができる時代がすぐに来るとは思えないし、宇宙に出て、万一地球に戻れなくなったらと考えると、躊躇《ちゆうちょ》してしまう人も少なくないでしょう。でも、本の中でなら、だれでも、しかも安心して宇宙旅行に出かけ、ワクワク感を存分に味わうことができます。

空間面での冒険のみならず、時間面の冒険も可能です。本の中では、自由自在に時間旅行ができるのです。タイムマシンは未だ夢の話ですが、本の中では遥か昔の時代に出かけることもできるし、未来都市に入り込むこともできます。

動物が大好きな子でも、動物と仲良く一緒に暮らすことなど、現実にはなかなかできません。せいぜい犬や猫を飼ったり、動物園に行っていろんな動物を見て楽しんだりするくらいでしょう。でも、本の中では、アヒルやカモがどこに行くにもご機嫌に自分の後をついてきたり、かわいらしい子鹿やウリ坊が仲良しの友だちだったりします。

このように本の中ではどんな冒険もできるし、現実にはあり得ない経験も自由にできるのです。

それは、テレビドラマや映画といった映像の世界やゲームの世界と一緒ではないかと思われるかもしれません。

たしかに現実に経験できないことを経験できるという点では同じです。でも、読書の場合は、そうした楽しみを味わいながら、語彙力や読解力が身につき、文字の羅列から立体的な情景を立ち上げる想像力も鍛えられ、それによって学力が高まるのですから、そのメリットははかりしれません。

気持ちが通じる「友だち」ができる

子どもたちにとって、気の合う仲間がほしいというのは切実な願いです。各種調査データをみても、何でも話せる友だちがほしいという子が、とても多いことがわかります。こうした結果は、現実には何でも話せる友だちがなかなか見つからないことをあらわしているとみてよいでしょう。

それは、子どもに限ったことではありません。大学生たちと話しても、「どう思われるかが気になって、友だちになかなかホンネを出せない」「ネットで拡散されたら嫌だから、うっかりしたことは言えない」「退《ひ》かれたことがあって、ほんとうに気になっていることをだれにも話せなくなった」「友だちと一緒にいても、自分と話してても面白くないんじゃないかって気になり、結構気疲れする」などと言います。

このような心理傾向を「対人不安」と言いますが、大人も案外、そうなのではないでしょうか。何でも気兼ねなく話せる親友がいるという人の方が、少数派かもしれません。

気持ちが通じる親しい友だちがいたらどんなにいいだろうというのは、多くの人が共通して抱く思いでしょうが、そのような友だちはなかなかいないのが現実です。それは、家庭という狭い世界から学校という広い世界に乗り出していかねばならない子どもたちにとって、大きな不安材料と言ってよいでしょう。

そんなときに気持ちを安定させてくれるのが「心の友だち」です。それは本の中に潜んでいます。

現実には放課後まで親しくつきあう友だちがいない子も、本の中では一緒に行動する仲間ができます。秘密基地をつくって、それぞれの宝物を持ち寄ったりして、外が暗くなっても親や先生のことなど気にせずに、自分たちの時間を思う存分過ごすことができます。

ホンネを率直に話せる友だちがいない子も、本の中では、気になることは何でも気軽に話せる友だちがいたり、親身になって話を聞いてくれる友だちがいたりします。

学校のクラスの雰囲気に馴染めなかったり、仲の良い友だちができなかったりして、昼間の時間の大部分を過ごす学校に心から寛《くつろ》げる自分の居場所がないという子にとっては、図書室や家で読む本の中での友だち関係が心の支えになっているということもあります。本の世界が心の居場所になっているのです。

才能を発揮して圧倒的な結果を出し、有名になっている人の中にも、若かりし頃、学校に馴染めず、お昼の休み時間はいつも図書室で過ごしていたという人がいるものです。

現実世界では満たされない思いが、本の世界では満たされます。それが読書の大きな魅力と言えます。

「現実には出会えないような人」に出会える

本を読むことで得られる特権のひとつに、時空の限界を超えられるということがあります。それについては、宇宙旅行や時間旅行のところでも簡単に触れましたが、現実には出会えない偉人たちに出会えるというのは、とても大きいメリットと言えます。

私たちが身近に接している人たちもとても大切な相手ですが、接する相手がそれだけでは、視野が非常に狭くなってしまいます。

読書を趣味とする人に漂う心の世界の広がりは、現実の制約を超えて、さまざまな人たちと接していることによるものと言ってよいでしょう。

たとえば、本を通して有名なスポーツ選手の人生や言動に触れることができます。そこにはどんな厳しい練習にも耐え、なかなか成果が出せずに心がくじけそうになっても必死に自分を奮い立たせ、心身ともに鍛えられていった姿が描かれています。それを読むことで、自分も頑張らなくてはといった思いを強めることでしょう。

　貧しい家に生まれ育ち、学校にもろくに通えず、まともな教育を受けられなかったのに、本を読んで独学で知識・教養を身につけ、立派な実業家になったという人の物語を読み、その人の生き方や考え方に触れることで、自分はずいぶん恵まれていると感じ、学校の勉強にも前向きに取り組めるようになったりもします。

　身近に接する親や学校の先生にも素晴らしい人がいるでしょうが、本の中には古今東西の著名人がたくさん潜んでいます。本を開けば、遥か昔の偉人や地球の裏側の偉人の人生や言葉に触れることができ、自分がいかに狭い世界に生きているかを実感させられます。

　子どもの頃から読書を通して現実には出会えないような人たちと接している人と、現実に周りにいる人たちとしか接していない人では、心の世界の広がりには雲泥の差がついているはずです。

さまざまな視点が手に入る

現実には出会えないような人たちの人生や言葉に触れられるということと関連して、読書を通じて、さまざまな視点が手に入るということがあります。

物語の登場人物の感受性や考え方に触れることで、「自分とはまったく違うな」と感じると同時に、「こんなふうに感じる人がいるんだ」「こんなふうに考える人もいるんだ」と新たな発見をすることがあります。「この程度のことで、ここまで傷つく人がいるんだ」「こんな嫌な態度を取られても、思いやりをもってやさしくできる人もいるんだなあ」「こんなことで怒り出す人がいるんだ」「ここまで辛抱強いなんて、すごいなあ」「こんなふうに考えるのは良くないなあ。でも、こういう人もいるんだよな」「こういうふうに考えられたらいいな」などと、呆れたり感心したりしながら、人に対する理解力や共感性が高まっていきます。

また、自分自身が現実に似たような状況に陥った場合も、読書で取り込んださまざまな視点を活かして、自分の気持ちをコントロールしたり、危機的な状況を乗り越えたりできるでしょう。

その意味では、物語だけでなく、評論やエッセイからもさまざまな視点を手に入れることができます。

著者の経験、それに対する著者の思いや考えに触れることで、「こういう問題は、こんなふうにとらえることができるのか」「たしかにこういうことはよくあるけど、あまり良いことではないんだな」「こういう発想の転換があるのか」「こういうふうに考えれば、たいていの困難は乗り越えられそうだな」などと、参考になる視点がたくさん得られます。

現実に会える人には限りがありますが、本を通せば無数の人に触れることができ、さまざまな視点を自分の中に取り込むことができます。それは、今後の人生を前向きに生きていくための強力な武器になります。

「未知の自分」を発見できる

読書を通して非現実の世界を経験することの魅力のひとつとして、これまで気づかなかった自分の新たな一面を発見できるということがあります。

ハラハラドキドキする冒険の連続の中、ふと立ち止まって自分を振り返るとき、興奮しながら読み進めている自分を見つけます。そして、いつもは何の変化もない日常を当たり前のように過ごしている自分も、じつはとても退屈しており、ほんとうはハラハラドキドキするような冒険がしたい、それによって「生きている！」という実感がほしいのだと気づきます。

週末になると、森の中に入っていき、木登りしたり、小鳥や鹿としゃべったり、川を渡ったりして、非日常を楽しんでいる主人公になりきって興奮している自分を発見すると、自分はふだん都会生活にどっぷり浸かっているけれども、自然との触れ合いに飢えているのだなと気づきます。

放課後になると秘密の隠れ家に行き、学校にはいないような友だちと楽しく語り合う物語の世界を居場所にしている自分に気づくと、学校の友だちづきあいには消極的な自分も、じつは熱く語り合えるような友だちを求めていることがわかります。

本の世界に入り込み、ページをめくるのももどかしく感じるくらい夢中になっている自分に気づくとき、「こんな世界を求めていたんだ」「こんな仲間がほしいんだ」「こんなことに興味があるんだ」ということがわかります。

いろんな本を読み、読んでいる最中の自分の心の中の反応を知ることで、これまであまり意識することのなかった自分の一面を発見することができます。読書には自己発見を促す効果があるのです。

束の間の現実逃避がある子は強くなれる

本を友だちとしている子の中には、家庭環境に恵まれていなかったり、学校の友だち環境が劣悪だったりして、現実の世界があまりに悲惨で、本の世界に没頭しているときだけ心が安らぐという子もいます。

そのような子は、本から離れると、また苦痛な現実が待っているため、本を閉じるときは憂鬱《ゆううつ》な気分になる、本の世界だけが救いだと言います。

家庭環境にしても学校環境にしても、現実を変えることはなかなか難しいものですが、どんなに悲惨でも、逃げ出さずにそこで生活していかなければなりません。心が折れそうになることもあるでしょう。

そんなときは束の間であっても、現実逃避するためのシェルターが必要です。そのシエルターになってくれるのが本です。

それほど過酷な現実でなくても、良い成績を取りたくて頑張っているのに試験の成績が上がらず、気持ちがくじけそうになり、塾も休みたくなるけれど、好きな本の世界に入り込み、ワクワク気分に浸ると、気持ちが前向きになり、頑張る気力が湧いてくるという子もいます。

大人だったら、現実逃避のストレス発散として、居酒屋で飲んで酔っ払って憂さを晴らしたり、行きつけのスナックで酒を飲みながらママさんやマスターとしゃべったり、カラオケで唄ったりすることもできるでしょうが、そんなストレス発散は子どもにはできません。

でも、本の世界に逃避することは、子どもでも自由にできます。読書には、そんなメリットもあるのです。

読書が苦行になってしまっている子は、読書がもたらすこうしたワクワク感を経験することなく、子ども時代を過ごしてきてしまったのでしょう。

そのようなことにならないためにも、幼い頃から読書の楽しさを味わえるように導いてあげることが大切です。そのためにどうしたらよいのか。それについては、後半の5章から7章で詳しく解説したいと思います。

第2章 学力の基礎になる言語能力は家庭環境で決まる

「親ガチャ」といって諦めるのは言語道断

この本の冒頭で指摘しましたが、裕福な家庭の子どもは質の高い教育を受ける機会に恵まれ、有利な学歴を手に入れ、高収入を得るようになる確率が高いというのは、不公平ではあっても、以前から指摘されていました。

裕福な家庭では子どもの教育にお金をかけることができるため、経済力に裏打ちされた学力格差が生まれます。海外と比べて経済格差が小さいとされていた日本も、グローバル化の影響を受け、社会階層による経済力の差が急速に拡大してきています。それと並行して、子どもたちの学力格差も拡大しつつあります。

そうなると、子どもの学力は親の経済力しだい、どんな学歴を手に入れられるか、将来どのくらい稼げるようになるかも親の経済力しだいであり、裕福な家庭に生まれない限り、学力や将来の経済力に期待できないということになってしまいます。

そんな時代の空気を反映するかのように、「親ガチャ」などという言葉まで生まれ、若者たちの間に諦めムードが漂っています。どんな親のもとに生まれるかで人生が決まってしまうけれど、子どもは親を選べない、それは運命として受け入れるしかない、といった意味合いで用いられているようです。

これは、ガチャポンとかガチャガチャと呼ばれるプラスティックの透明のカプセルに入ったオモチャに由来する言葉です。お金を入れて、ガチャッと回して、何が出てくるかは運しだい。ほしいものが出てくれば「アタリ」。ほしくないものが出てきたら「ハズレ」。

それにたとえて、自分の将来に期待がもてるような家庭であれば「親ガチャ」アタリ、あるいは成功、期待がもてないような家庭であれば「親ガチャ」ハズレ、あるいは失敗というわけです。

経済力による学力格差は簡単に乗り越えられる

こうした風潮を前に、自分たちは経済的に裕福なわけではないし、子どもの将来に期待できないのではないかと不安に思う親も少なくないようです。

さらには、このところのＡＩ（人工知能）の急激な発達により、今の幼い子どもたちが社会に出る頃には、多くの仕事がＡＩに奪われ、よほど優秀な人物以外は仕事に就けなくなるのではないかといった不安が子育て世代に広がっています。

それに加えて、ベーシックインカムが選挙の公約として取り上げられたりしたこともあって、危機感を強める子育て世代もいます。ベーシックインカムというのは、すべての国民に一定の金額を与えることで所得保障を行う制度のことです。

今のところ月額７万～10万円あたりで議論がなされているようですが、このような制度が議論されること自体、この先まともに稼げない人たちが大量に出てくることが想定されているとみなさざるを得ません。

そこで、自分たちの子どもは、親の経済力のせいで学力が身につかず、将来まともに稼ぐことができなくなるのではないか、といった不安に脅かされているのです。

でも、親も子も、運命を呪う必要はないし、諦める必要もありません。たとえ経済的に恵まれていなくても、学力格差を乗り越える方法があります。

それは、読書をすることです。なぜ読書をすれば、経済力を背景とした学力格差を乗り越えることができるのか。読書が学力格差を乗り越えるための最強の武器になるということに、科学的根拠はあるのか。それについては、第4章で詳しく説明します。

この章では、読書が学力の発達を促すことを確認したうえで、学力に家庭環境が大きく影響するということについてみていくことにしましょう。

子どもの頃の読書が学力の基礎になる

国立青少年教育振興機構は、「子どもの読書活動の実態とその影響・効果に関する調査研究」を２０１２年に実施しています。その調査研究では、中高生にみられる影響・効果と成人にみられる影響・効果を調べています。

中高生についての結果をみると、子どもの頃に本や絵本を読んだ経験が豊かであるほど、読書が好きで、１日の読書時間が長く、１ヵ月に読む本の冊数が多くなっています。

ここから、子どもの頃に本をよく読んでいた子ほど、中学生や高校生になってからも本をよく読んでいることがわかります。

この調査研究では、そうした読書傾向が学力向上に貢献していることも示唆されています。つまり、子どもの頃の読書活動が多いほど、社会性があり、意欲・関心が高く、論理的思考能力が高い、などといった傾向を示すデータが得られているのです。

社会性に関しては、子どもの頃の読書活動が多いほど、「ケンカをした友だちを仲直りさせることができる」「友だちに相談されることがよくある」というように、人間関係能力が高いことがわかりました。

意欲・関心についても、子どもの頃の読書活動が多いほど、「なんでも最後までやり遂げたい」「わからないことはそのままにしないで調べる」「経験したことのないことには何でもチャレンジしてみたい」というように、意欲や関心を強くもっていることがわかりました。

論理的思考能力についても、子どもの頃の読書活動が多いほど、「複雑な問題について順序立てて考えるのが得意である」「考えをまとめることが得意である」「物事を正確に考えることに自信がある」というように、論理的思考能力に自信をもっていることがわかりました。

子どもの頃の読書活動には、絵本を読むことも含まれ、就学前から小学校低学年の頃に絵本をよく読んだ人ほど、社会性も意欲・関心も論理的思考能力も高いことが判明しました。

さらに、そのような傾向が、自分で本が読めるようになる以前の読書行動にもあてはまることがわかりました。つまり、自分では本を読めない年頃に家族から本や絵本の読み聞かせをしてもらったり、昔話を聞かせてもらったりしたことの多い人ほど、社会性も意欲・関心も論理的思考能力も高いといった傾向が顕著にみられたのです。

なお、子ども時代の読書活動というのは、つぎのような質問項目によって測定されています。

・家族から昔話を聞いたこと
・本や絵本の読み聞かせをしてもらったこと
・絵本を読んだこと
・本を読んだこと
・マンガを読んだこと
・地域の図書館で本を借りたこと

・地域の図書館で調べものをしたこと

成人についての結果をみても、子どもの頃に本や絵本をよく読んだ大人ほど、読書が好きで、1日の読書時間が長く、1ヵ月に読む本の冊数が多くなっています。読書習慣のある大人の多くは、子どもの頃から本や絵本に親しんでいたことがわかります。

そして、子どもの頃に本や絵本をよく読んだ大人ほど、社会性や意欲・関心などが高く、教養があるといった傾向も示されています。

このように、子ども時代の読書が読書習慣を身につけるのに効果的であること、さらには子ども時代の読書が学力の基礎となる知的好奇心・意欲や論理的思考能力の発達を後押しすること、そうした効果は学校時代のみならず、成人後にまで及ぶことが確認されています。

学力における遺伝の影響は限られている

「親ガチャ」の話に通じるものですが、知的能力には遺伝が強く関係しているから、どんな親のもとに生まれたかで人生は決まってしまうのだといった発言を耳にすることがあります。

実際、知的能力に関しては、「遺伝規定性」が高いことが心理学をはじめとする多くの研究によって明らかになっているため、心理学を学ぶ学生たちがそのようなことを言い出すことがあります。遺伝規定性が高いというのは、遺伝要因の影響が大きいことを意味します。

でも、それはあまりに短絡的な考えです。遺伝の影響が大きいのだからジタバタしても仕方ないという学生もいますが、けっしてそういうことではありません。

たとえば、知能に関しても学業成績に関しても、遺伝の影響が50％程度あり、いくら好ましい環境を与えたとしても遺伝の影響を排除できないことは、行動遺伝学的な研究によって明らかになっています。

ただし、ここで見逃してはいけないのは、遺伝要因に約50％規定されるにしても、残りの約50％は環境の影響を受けているということです。遺伝的素質が優秀であっても、あるいは平凡であっても、その素質がどの程度開花するかには環境が大きく影響しているわけです。

ゆえに、知的環境の豊かさによって、素質的に平凡な子が、素質的に優秀な子を学業成績で上回るということも十分あり得るし、現実によくあることです。

知能水準から予想される学力を示さない子を「アンダーアチーバー」、知能水準から予想される以上の学力を示す子を「オーバーアチーバー」と言いますが、このような現象がみられること自体、素質を十分に活かせる子もいれば活かせない子もいて、環境しだいで素質から予想される学力を大きく下回ったり、上回ったりすることの証拠と言えます。

行動遺伝学的研究を行っている心理学者の安藤寿康たちのデータをみると、知能や学業成績の50％程度は遺伝要因で決まりますが、あとは家庭環境や学校環境などの環境要因によって決まってくることがわかります。

さらに興味深いのは、知能の50％は遺伝要因によって決まるといっても、知能の領域によって、遺伝規定性が異なっていることです。

具体的に言うと、「空間性知能」に関しては遺伝要因の影響が70％程度ときわめて大きいのに対して、「言語性知能」に関しては遺伝の影響はわずか15％程度と非常に小さくなっています。図形問題などは空間性知能に関するもので、文の読解や語彙の問題は言語性知能に関するものです。

そして、言語性知能の場合、遺伝の影響が15％程度と小さい代わりに、共有環境、つまり家庭環境の影響が60％弱と非常に大きくなっています。学校などの非共有環境の影響は30％弱であり、遺伝要因の2倍の数値になっているものの、共有環境のわずか半分に過ぎません。

ここから言えるのは、言語能力の発達に関しては、遺伝によって決まっている部分は小さく、家庭環境の影響がきわめて大きいということ、しかも学校の影響よりも家庭の影響の方がはるかに大きいということです。

学力を身につけるのは学校の役割だと思っている人が多いかもしれませんが、心理学研究のデータからすると、学力の基礎をなすとみられる言語能力の発達の最大の要因は、家庭という環境要因なのです。

遺伝の影響を克服するために環境を整える

子どもが親に似ていると、「やっぱり血は争えない」などといって遺伝のせいにしがちです。学力についても、わが子の成績が悪いと、「私の血をひいているんだから仕方ない」などと自嘲《じちょう》気味に言う人もいます。

でも、よく考えてみてください。子どもが親に似るのは、すべて遺伝の力によるものなのでしょうか。

たとえば、日本語を話す家庭に生まれ育てば日本語を話すようになり、英語を話す家庭に生まれ育てば英語を話すようになります。日本人の遺伝子をもっていても、英語圏の英語を話す家庭に生まれ育てば、当然ながら英語を話すようになります。このように、どんな言語を話すようになるかは、遺伝によって決まるのではなく、環境によって決まります。親が話す言葉が環境要因となって、子どもが話す言葉を規定していくのです。

親がいつも本を読んでいる家庭で育つ子が本をよく読む子になり、親がほとんど本を読むことのない家庭で育つ子が本を読まない子になったとしても、それは親の行動を日常的に見ているためであり、親の行動が環境要因となって子どもの読書姿勢を規定していると言ってよいでしょう。

このような事例をみれば、子どもが親に似ているからといって、それは必ずしも遺伝の力によるものではないということがわかるでしょう。

言語能力については、世代間伝達ということがよく言われますが、その場合も家庭という環境要因の影響を見逃してはなりません。

心理学者の猪原敬介は、言語能力の発達に関する諸研究を踏まえて、早期の言語能力が高いほど、その後も言語能力を伸ばしていける傾向があり、その早期の言語能力を規定する重要な要因は、養育者から子どもに伝達される有形無形の資本であると言います。

そして、養育者から子どもに伝達される有形無形の資本として、知能、家庭教育、親の社会経済的地位、親の学歴などをあげています。

この中の知能、親の社会経済的地位、親の学歴などは遺伝要因とみなされがちですが、じつは、そこには遺伝要因と環境要因が絡み合っているのです。

知能には遺伝が強く関係しており、親の知能が子どもの知能に遺伝的に影響するわけですが、親とのやりとりを通して親の知能レベルの影響を子どもが受けるという意味では、親の知能は環境要因にもなっているのです。

親の社会経済的地位や学歴は、家庭の蔵書数（家にある本の冊数）にも影響するでしょうし、知的好奇心を刺激する文化的施設に子どもを連れて行くかどうかにも影響するでしょうし、読書や勉強に対する親の取り組み姿勢を自然に真似るという形でも影響するでしょう。

それらは、まさに家庭環境という意味での環境要因と言えます。

世代間伝達というと、遺伝の力を思い浮かべて、どうにもできないことのように思いがちですが、このような環境要因に目を向ければ、やりようによっては子どもの言語能力の向上をいくらでも促すことができるとわかり、工夫や努力の方向性も見えてくるでしょう。

たとえ親自身の社会経済的地位や学歴にハンディがあっても、そこをうまく補って、子どもにとっての好ましい環境要因を整えていくことができるはずです。

蔵書数が多い家庭の子ほど学力が高い

家庭の蔵書数が多いほど子どもの学力が高いというのは、さまざまな調査研究によって示されています。

たとえば、２０１７年に文部科学省によって実施された全国学力・学習状況調査の結果と、その対象となった小学6年生および中学3年生の子どもたちの保護者に対する調査の結果を関連づける調査報告書があります。それをもとに家庭の蔵書数と子どもの学力の関係について考えてみましょう。

その調査報告書では、家庭の蔵書数と子どもの学力との間にも、興味深い関係が見出されています。蔵書数の多い家庭の子どもほど、学力が高いのです。

たとえば、小学6年生のデータをみると、蔵書数が0～10冊の家庭の子どもよりも、11～25冊の家庭の子どもの方が学力が高くなっています。それよりも、26～１００冊の家庭の子どもの方が学力が高くなっています。当然、１０１～２００冊の家庭の子どもの学力は、さらに高くなっています。そして、２０１～５００冊の家庭の子どもはそれ以上に学力が高く、５０１冊以上の家庭の子どもの学力が最も高くなっていました。

ただし、裕福な家庭ほど蔵書数が多いだろうし、蔵書数は親の社会経済的背景と関係しているのではないかというのは、だれもが思うことでしょう。

実際、データを確認すると、そうした関係は明らかにみられます。社会経済的地位の高い親の家庭ほど、つまり学歴や収入が高い親の家庭ほど、蔵書数が多くなっていました。

そうなると、家庭の蔵書数の多いことが子どもの学力を高めているわけではなく、親の学歴や収入の高さが蔵書数の多さや子どもの学力の高さをもたらしているだけではないかと考えがちです。

しかし、さらにデータを詳細に検討してみると、どうもそういうわけではないことがわかってきます。社会経済的背景を統制しても、家庭の蔵書数と子どもの学力は関係していたのです。つまり、学歴や収入の低い層でも、高い層でも、それぞれの層の中では、蔵書数が多い家庭の子どもほど学力が高いという傾向がみられたのです。

こうしてみると、家庭の蔵書数が多いほど、子どもの学力が高まると言ってよさそうです。これは、子どもの学力に影響する家庭の文化的環境の好例と言えるでしょう。

なお、参考のために２０２１年に実施された全国学力・学習状況調査のデータを示すと、小学６年生の家庭の蔵書数は、０〜10冊11・０%、11〜25冊18・８%、26〜１００冊33・６%、１０１〜２００冊19・３%、２０１〜５００冊12・２%、５０１冊以上５・０%となっています。

親と図書館に行く子ほど学力が高い

子どもの知的発達に影響する家庭環境として、蔵書数の他に、文化的施設に子どもと一緒によく行くかどうかということもあります。

心理学者の内田伸子たちは、学力の格差は幼児期から始まるのかどうか調べるための調査を行っています。その結果、よく言われるように学力格差は親の経済格差と関係していましたが、それは見かけ上の関係に過ぎないと言います。

つまり、親が経済的に豊かだから子どもの学力が高いというわけではなく、高所得の家庭では蔵書数も多く、美術館や博物館に出かけることも多く、そうした文化的刺激が、子どもの学力の高さにつながっているのだとみなしています。

単に経済的に豊かなことが、子どもの学力向上につながるわけではないということです。

２０１７年に文部科学省によって実施された全国学力・学習状況調査の結果のうち、蔵書に関する部分を前項で紹介しましたが、この調査結果と調査対象となった小学6年生および中学3年生の子どもたちの保護者に対する調査の結果を関連づける調査報告書でも、知的刺激が満ちている場に子どもと一緒に出かける親の行動が、子どもの学力と関係していることが示されています。

具体的には、「子どもと一緒に美術館や劇場に行く」「子どもと一緒に博物館や科学館に行く」「子どもと一緒に図書館に行く」といった行動を親が取っている家庭ほど、子どもの学力が高いことがわかったのです。

このような関連は、他の調査研究でも示されています。

そうしたデータからは、小さい頃から親に連れられて図書館に通うことで、子どもたちは書物に親しみ、また美術館、博物館、科学館などの文化施設に出かけることで、子どもたちは知的好奇心を刺激され、そうした経験の積み重ねが、その後の言語能力の発達や学習意欲につながっていることが読み取れます。

子どもの月間読書冊数の推移

全国学校図書館協議会が毎年実施している学校読書調査というものがありますが、２０２１年に実施された第66回学校読書調査の結果をもとに、小学生（４〜６年生）の読書傾向についてみてみましょう。

その調査は、毎年６月に行われますが、回答の正確さを期すために、記憶に新しい５月の読書傾向について答えるようになっています。集計結果をみると、２０２１年の小学生は、５月１ヵ月の間に平均12・７冊の本を読んでいました。これはかなり多いと言ってよいのではないでしょうか。

過去のデータと比べてみると、２００５年までは６〜８冊の間を推移していましたが、２００６年に９・７冊と急増し、ここ10年ほどはおよそ10〜12冊となっています。

それには、学校教育関係者の動きが影響していると思われます。子どもたちが本を読まなくなっていることが教育界で深刻な問題と受け止められるようになり、２００１年に「子どもの読書活動の推進に関する法律」が公布され、翌２００２年に「子どもの読書活動の推進に関する基本的な計画」が策定されました。

それを機に、学校では子どもたちの読書を推進するために、さまざまな工夫がなされるようになったのです。具体的な工夫の事例については第6章で紹介したいと思いますが、2006年頃から小学生の読書冊数が増えてきたのは、そうした教育者たちの努力の成果と言ってよいでしょう。

ただし、いくら学校側が読書を推進するための方策を試みても、本を読まない子がいなくなるわけではありません。2021年の不読率は5・5%となっています。不読率というのは、1冊も本を読まない子どもの比率です。

不読率は、2002年に10%を割り、2005年に5・9%になって以来、ほぼ同じような水準で推移しています。これは比率としては低いものの、全国の小学生の数からして、その実数はかなりのものになります。

そこで思い返してほしいのは、読書習慣が身につくかどうかには、幼い頃からの親の読み聞かせや家庭の蔵書数、親の読書姿勢などの家庭環境が影響するということです。

いくら学校が読書を推進するような工夫をしても効果がない場合は、家庭環境による支援が必要ということかもしれません。また、家庭環境が読書を促進するものであれば、学校環境との相乗効果が見込めます。

中高生の読書傾向は幼い頃の読書量で決まる

前出の全国学校図書館協議会による学校読書調査では、中学生や高校生の読書傾向についても調べています。２０２１年に実施された第66回学校読書調査の結果をみると、５月１ヵ月間の平均読書冊数は、中学生５・３冊、高校生１・６冊となっています。小学生が12・７冊であるのと比べて、学校段階が上がるほど読書冊数は著しく減少していくことがわかります。

中学生の１ヵ月間の読書冊数は、２００１年までは２冊前後でしたが、２００２年に２・５冊になってから３冊前後を推移し、２００８年に３・９冊になって以来ほぼ４冊以上となっており、２０２１年はついに５冊を超えました。

高校生の１ヵ月の読書冊数は、２００４年、２０１０年、２０１１年と２冊に近づくことがあったものの、この30年間はほぼ１・５冊前後となっています。

５月１ヵ月間にまったく本を読んでいない者の割合、いわゆる不読率は、中学生10・１％、高校生49・８％となっています。これも、小学生が５・５％であるのと比べて、学校段階が上がるほど、不読率は著しく高くなることがわかります。とくに高校生では、不読者が半数となっています。

中学生の不読率は、２００１年までは40％を超えていましたが、２００２年に40％を割り、２００７年に20％を大きく割り込んで以来、15％前後を推移しており、２０２１年の10・１％は調査開始以来、最も低い数値となっています。

高校生の不読率は、２００１年まではほぼ60％台でしたが、２００４年に42・６％と急激に低下して以来、50％前後で推移しています。

中学生も高校生も、２００２年から２００４年にかけて不読率が急激に低下していますが、それは小学生の場合と同じく、２００１年に「子どもの読書活動の推進に関する法律」が公布され、翌２００２年に「子どもの読書活動の推進に関する基本的な計画」が策定され、学校で子どもたちの読書を推進するためのさまざまな工夫がなされるようになったことによるものと言えます。

このように中学生も高校生も、２００２年あたりから本を読まない者の比率が急激に低下し、中学生では２００２年あたりから読書冊数が増えるなど、とくに中学生に関しては、子どもの読書活動推進計画の成果が出ているとみなすことができます。

ただし、読んでいる本の内容をみると、不朽の名作とされる本ではなく、読みやすい本ばかりを読む傾向が顕著になっています。

多く読まれている本のほとんどが、ごく最近映画化されてヒットしたライトノベルやマンガが原作の作品となっているのです。

読書習慣をつけるには、面白くて読みやすい本から入ってハードルを低くするのが効果的だというのはわかります。でも、第３章で紹介するように、中学生の半数が日本語で書かれた教科書の内容を読み取れない、つまり読解力が著しく乏しいという現状を踏まえると、もっと読解力を鍛えるような読書をするようにもっていく必要があります。

大学生の半分は読書時間ゼロ

大学生が本を読まなくなったと言われ出したのは、もうずいぶん前のことですが、その傾向はますます強まっているように思われます。

私は、40年近く大学の教員をしてきましたが、かつては勉強にあまり熱心でない学生でもよく本を読んでいたし、学生たちを相手に自主的な読書会を放課後に開いてもいました。

ところが、２０００年あたりからは、勉強に熱心な学生さえもほとんど本を読まないのに驚くことがあり、学生が本を読まなくなっているのを痛感したものでした。そして、授業内容に関連する本を自分で選び、レポートする課題を30年以上続けてきましたが、何年か前にとうとうやめることになりました。

それは、ふだん本を読むことがないため読めないという学生が結構いたのと、そうした事情もあってか、ネット上のコメントを切り貼りしただけで、ほんとうに読んだとは思えないレポートが目立つようになったからです。

各種調査データをみても、大学生の不読率がどんどん上昇してきていることがわかります。

全国大学生活協同組合連合会が１９８４年から１９９０年にかけて３回実施した「大

学生の読書生活」という調査では、１日あたりの読書時間の平均が、１９８４年に56・３分だったのが１９９０年には33・０分となっています。６年間で読書時間が４割以上も減っていることになります。

不読率、つまり本を読まない大学生の比率は、１９８７年は13・１%、１９９０年は13・４%というように、１割ちょっとであり、きわめて少数派でした。

大阪教育大学生涯教育計画論研究室と大阪教育大学附属図書館による２０００年の「大学生の読書と電子メディア利用に関する調査研究」によれば、大学生の不読率は26・４%で、１９９０年頃の約２倍になっています。

心理学者の平山祐一郎による２００６年および２０１２年の調査によれば、大学生の不読率は、２００６年に33・６%、２０１２年には40・１%となっており、急激に増えていることがわかります。

こうしたデータを総合すると、本を読まない大学生の比率は、１９８０年代から１９９０年には10%を少し上回る程度だったのが、２０００年に20%台半ばになり、２００６年には33・６%と３割を超え、２０１２年には40・１%と４割を超えていることになります。

全国大学生活協同組合連合会が毎年全国の国公私立30大学の学生を対象に実施している「学生生活実態調査」のデータをみても、大学生の不読率は、２００４年から２０１２年までは30％台半ばを推移していましたが、２０１３年に40・５％と４割を超えてから上昇し続けて、２０１７年には53・１％とついに５割を超えました。

このデータが発表されたときは、大学生の半数以上が本を読まないということで、教育界に大きな衝撃を与えました。

２０２１年は不読率50・５％となっていますが、このところ大学生の半数が読書時間ゼロというわけです。

しかも、この調査では「コミックス、趣味・情報雑誌・教科書・参考書」も読書に含まれると考える学生が53・４％もいることからすると、教科書・参考書や雑誌を除く本を読んでいる大学生の比率は、50％よりもはるかに低くなると考えられます。

大学生の読書傾向も子ども時代の読書量で決まる

大学生が本を読まなくなったということが衝撃的ニュースとして広まりましたが、今でも読書に熱心な学生がいるのも事実です。

先の全国大学生活協同組合連合会による「学生生活実態調査」の２０２１年のデータをみても、１日平均２時間以上読書している者が７・２％、１時間以上２時間未満という者が18・６％となっており、25・８％の学生が１日１時間以上読書をしていることになります。

つまり、毎日１時間以上読書をしている学生が４分の１ほどいる一方で、まったく読書をしない学生が半数ほどいることになります。

こうしてみると、本を読まない学生がこの30年間増え続けており、とくにここ10年くらいの間に急激に増えていることがわかると同時に、本をよく読む学生とまったく読まない学生の二極化が鮮明にみられるようになったと言ってよいでしょう。

学力の二極化と並行して、読書傾向の二極化も進行しているというわけです。そして、ここにも幼い頃からの家庭環境が影響していることがわかります。

毎日新聞社が２００６年に実施した読書世論調査によれば、子どもの頃の読み聞かせが原点となり、小さい頃に本との接触が多い人ほど、成長してからも本に親しんでいるといいます。

考えてみれば当然ですが、幼い頃から本や絵本に親しむことが大切で、それができていたかどうかによって、20歳前後になったときの読書傾向が大きく左右されるということでしょう。

読書が語彙力や読解力を高め、さらに想像力や論理的思考能力を高めるなど、知的発達を促進するのは明らかです。詳しい科学的根拠は第4章で示すつもりですが、本を読まない大学生が増えているということは、知的発達にとって大きな危機と言わざるを得ません。

このようにみてくると、子どもの頃から本に親しむことが、知的発達にとっていかに重要な意味をもつかがわかります。

恐るべきスマホの中毒性

スウェーデンの精神科医アンデシュ・ハンセンの『スマホ脳』（久山葉子訳　新潮新書）は、

今多くの人の注目を集めています。ハンセンは、その本の中で、スマホの恐るべき弊害を訴えています。

たとえば、ＩＴ企業が集中する地域として知られるシリコンバレーは罪悪感でいっぱいになっているとして、ＩＴ企業のトップや著名な技術者がスマホやタブレットの弊害を認識し、自分の子どもにはスマホやタブレットを与えないようにしていることを伝えています。

アップルの創業者のスティーブ・ジョブズは、ニューヨーク・タイムズの記者から自宅はｉＰａｄだらけなのでしょうと聞かれた際に、ｉＰａｄを自分の子どものそばに置くことすらしていないと言い、記者を驚かせたそうです。

自分たちが開発したからこそ、その弊害に気づいており、自分の子どもは守ってやらねばと思っているのでしょう。

マイクロソフトの創業者のビル・ゲイツも、自分の子どもに関しては、14歳になるまでスマホはもたせなかったと言います。

フェイスブックの「いいね」機能の開発者であるジャスティン・ローゼンスタインは、

スマホへの依存性はヘロインに匹敵するとして、自分のフェイスブックの利用時間を制限するために、本来は保護者が子どものスマホ使用を制限するために用いるアプリをインストールしたそうです。

ｉＰｏｄやｉＰｈｏｎｅの開発に携わったアップルの元幹部トニー・ファデルは、スクリーンが子どもたちを夢中にさせることの弊害を感じ、自分たちはいったい何というものをつくってしまったのだろうと、夜中に冷や汗をびっしょりかいて目を覚ますことがあるそうです。自分の子どもたちからスクリーンを取り上げたときも、まるで自分の一部を奪われるような感じで激しく感情的になり、それから数日間は放心状態になったと言います。

こうしてみると、大人たちは営利目的でスマホを開発し、その便利で刺激的な利用法をつぎつぎに打ち出してきますが、開発者自身は自分の子どもにだけは使わせないように守っていたりするようなので、わが子を守れるのは自分しかいないといった覚悟が求められます。

スマホがそばにあるだけで認知能力が低下

スマホ（タブレットも含む）をあまり使うとよくないというのは、だれもが聞いたことがあるはずです。自分自身を振り返っても、いくつかの弊害を思いつくのではないでしょうか。よく言われるのは、つぎのような弊害です。

・スマホをもつことで絶えず人とつながっている感覚になり、何をしていてもスマホが気になり、物事に集中できなくなる。
・検索するのが癖になり、何かにつけて反射的に検索してしまい、自分の頭でじっくり考える習慣が失われる。
・スマホをもつことで、ものを考える時間が奪われていく。

集中力の欠如、検索習慣、ものを考える時間の消失、そのどれもが思考力の低下につながります。そう言われても、スマホに馴染んでいる人は、あまり深刻に受け止めないでしょう。自分自身の日頃の生活スタイルを否定することになるため、そうした意見には耳を傾けたくないというのがホンネかもしれません。

でも、そんな姿勢では、子どもたちを守ってあげることができません。そこで、スマホの弊害に関する科学的に裏づけられた知見をみていきましょう。

意思決定についての研究者であるクリスティン・デュークたちは、スマホを使うことが私たちの認知能力にどのような影響を及ぼすかについての実験的研究を行っています。その結果、たとえスマホを使わなくても、ただそばに置くだけで認知能力が低下することを実証するデータが得られました。

1つ目の実験では、数学の問題を解きながら、無作為な文字列を記憶する、といった作業を行わせています。複雑な認知作業を行いながら、記憶をしなければなりません。

2つ目の実験では、複数の画像を見てパターンを見つけ出し、そのパターンにあてはまる画像を1つ選ぶという作業を行わせました。

作業の内容が難しくてよくわからないと思うかもしれませんが、ここでは作業の内容でなく、以下の3つの条件によって成績が違ってくるというところに着目してください。

作業を行うにあたって、スマホの音やバイブレーション機能をオフにしてもらったうえで、つぎの３つの条件のいずれかを選ばせました。

①スマホを目の前に置く（机の上に伏せて置く）
②スマホをポケットかバッグにしまう
③スマホを別の部屋に置く

結果をみると、スマホを別の部屋に置いたグループが最も作業成績が良く、つぎに成績が良いのはポケットかバッグにしまったグループで、最も成績が悪いのがスマホを机の上に置いたグループでした。この差は、統計的に有意なものでした。スマホの電源を完全に切っていた場合でも、同じ結果になりました。

このような実験結果から言えるのは、スマホをいじらなくても、ただそばにあるだけで認知能力が低下してしまうということです。認知能力が低下するということは、思考力や想像力が低下し、問題解決や発想の質が低下することを意味します。

この他にも、スマホがあるだけで認知能力が低下し、課題を遂行する力が落ちることが、多くの研究によって証明されています。

たとえば、スマホを教室の外に置いた学生は、スマホをサイレントモードにしてポケットにしまった学生よりも、課題遂行の成績が良かったという実験結果もあります。スマホを机の上に置いた場合より、ノートを机の上に置いた場合の方が、課題遂行の成績が良かったという実験結果もあります。

こうした知見を踏まえて、アメリカ小児科学会では、子どもにはスマホやタブレットの使用を制限すべきであるとしています。

大人でもスマホ依存的な人を見かけますが、まだ自己コントロール能力が十分に身についていない子どもに対しては、さらなる依存度も考えられ、親が保護してあげる必要がありそうです。

スマホ使用が学力を低下させる

スマホの弊害について聞いたことがあり、あまり使わないように気をつけようと思っている人でも、スマホの存在を意識するだけで認知能力が低下してしまうというのは驚きでしょう。

スマホのせいで気が散って集中力がなくなるということはよく言われますが、スマホを気にしないようにしようといった努力に、心のエネルギーが費やされ、本来は課題に費やすはずのワーキングメモリの一部が、その努力のために消費されてしまうのです。

その結果、本来の課題に振り向けるためのワーキングメモリが足りなくなり、勉強や仕事の能率や質が落ちてしまうというわけです。

ワーキングメモリというのは、ごく短時間、情報を記憶しながら、同時に何らかの課題遂行などの処理をする知的機能のことです。

暗算をするときを思い浮かべればわかりやすいでしょう。暗算をする際には、数字を記憶しつつ、計算処理をしなければならず、ワーキングメモリがフル稼働します。暗算が苦手な人は、ワーキングメモリの容量が小さかったり、ワーキングメモリの使い方が鍛えられていなかったりするのでしょう。

聞こえてくる話し声やテレビの音声が気になって宿題に集中できず、計算間違いや書き間違いをした経験がある人も少なくないのではないでしょうか。宿題に割くべきワーキングメモリの一部が、話し声に聴き入ることに費やされてしまうのです。

脳科学の観点から認知発達を研究している川島隆太と横田晋務たちは、小学5年生から中学3年生を対象に、スマホの使用時間と学業成績との関係についての調査を行っています。

その結果、スマホの使用時間が長いほど、成績が悪いことが判明しました。

恐るべきことに、1日2時間以上勉強していても、スマホ使用が4時間以上になると、スマホを使わないけれども勉強時間が30分未満の子より、成績が悪かったのです。

ここから言えるのは、いくら勉強しても、スマホをしょっちゅういじっていると、それが帳消しになってしまうということです。

ウチの子はしっかり勉強しているから大丈夫と安心し、スマホ使用を容認していると、取り返しのつかないことになりかねません。

川島・横田たちは、同じ調査を1年後にも行い、データを比較していますが、その結果、ＬＩＮＥなどの通信アプリの使用も、成績に悪影響を及ぼすことがわかりました。

その理由として、ＬＩＮＥ等のＳＮＳを利用している子は、勉強しようと机に向かっても、頻繁にメッセージが来てしまうため、勉強に対する集中力が切れてしまうことと、相手から返事が来ないと、なぜ来ないのかが気になってしまい、集中力がなくなることがあげられています。

とくに私たち日本人は、「自分は自分」という感じに相手を切り離すことができず、絶えず相手の気持ちを気にしているので、ＳＮＳの弊害を被りやすいと考えられます。大人でさえスマホ依存気味の人が非常に多いので、意志の弱い子どもは容易にスマホ依存に陥ってしまう危険があるので要注意です。

また、教育学者の腰越滋は、読書にかかわる家庭環境が、学校での成功や読書量に影響していることを見出した調査研究において、ネットゲームやスマホ使用の時間的制限などのしつけが欠如している家庭の子どもほど、不読率が高い、つまり本を読まない傾向がみられることを指摘しています。

これには単にスマホ使用が不読率につながるだけでなく、きちんとしたしつけが自己コントロール力という非認知能力の育成を促進し、読書や勉強をする集中力や忍耐力につながっているという側面もあるのではないでしょうか。

スマホが学力に及ぼす悪影響について、いろんな知見を紹介しましたが、こうしたスマホの弊害に関する科学的知見をしっかり頭に入れておく必要があります。そうでないと、覚悟して子どもの環境づくりをすることができないでしょう。

ゲーム時間を制限しないと、脳がダメージを受ける

子どもの知的発達の問題について考えるときに、親として気になるのはゲームの影響でしょう。ゲームの弊害については、何らかの情報を耳にしたことがあるはずです。

ただし、ゲームに夢中になるのは、子どもばかりではありません。電車に乗っていると、スマホのゲームに熱中している大人もよく見かけます。子ども時代、あるいは若い頃から癖になっているのかもしれません。

子育て中の親にも、ゲームに熱中する人はいるでしょう。自分がゲームをやっているのに、教育的観点からわが子のゲーム時間を制限するように言われても、ちょっと戸惑ってしまうかもしれません。

ゲーム好きの親は、どうしてもゲームの弊害に関する情報に目を向けないようにしが

ちです。自分にとって都合の悪い情報を遮断する心理傾向があることは、認知的不協和の理論によって証明されています。そこで、わが子のためを思うなら、ゲームの弊害についての科学的知見をしっかり頭に入れておく必要があります。

　ゲーム依存で悩む人や家族が多いということは、ニュースなどで聞いたことがあると思います。ゲームには、神経伝達物質ドーパミンを放出させ、脳を興奮させる効果があるため、中毒性が高く、依存症を引き起こしやすいと言われます。

　実際、ゲーム依存で治療を受ける人も非常に多くなっており、２０１８年に世界保健機関（ＷＨＯ）がゲーム依存を治療が必要な精神疾患と認定し、ゲーム障害として国際疾病分類に追加したほどです。

　大人も依存症に陥るほどなのですから、まだ自己コントロール機能を担う脳の部位が発達途上にある子どもが依存症に陥るリスクは、非常に大きいと考えなければなりません。

　10歳から17歳の青少年を対象に内閣府が２０１９年に実施した「青少年のインターネット利用環境実態調査」によれば、小学生の81・７％、中学生の76・４％、高校生の

78・7%が、スマホやタブレットなどでゲームをしています。つまり、青少年の約8割がゲームをしているのです。

２０２１年に文部科学省が実施した全国学力・学習状況調査では、子どもたちにゲームをしている時間を尋ねています。「普段（月曜日から金曜日）、1日当たりどれくらいの時間、テレビゲーム（コンピュータゲーム、携帯式のゲーム、携帯電話やスマートフォンを使ったゲームも含みます）をしますか」という質問に対する小学6年生の回答をみると、4時間以上＝15・4%、3時間以上4時間より少ない＝13・4%、2時間以上3時間より少ない＝20・3%、1時間以上2時間より少ない＝26・8%、1時間より少ない＝16・6%、全くしない＝7・4%となっています。

このようなデータをみると、いかに多くの子どもがゲームに夢中になっているかがわかります。小学6年生の4分の3が平日に毎日1時間以上ゲームをしており、5割が毎日2時間以上ゲームをしているのです。

その中には、すでにゲーム依存状態に陥っている子も少なくないと考えられます。

もしゲームが知的発達を阻害するとしたら、これは深刻な問題が生じていると言わざるを得ません。

ゲーム依存というほどでなくても、ゲームをすることが脳の発達に悪影響をもたらすことは、しばしば指摘されています。

そうした情報が広まったせいか、子どもの将来を考えてゲームやインターネットの利用を制限する親が多くなっており、8割の親が何らかの制限をしているといった調査データもありますが、ゲームをやりたがる子どもとのやりとりが面倒で、つい根負けしてしまう親もいるでしょう。

そこで、ゲームをすることが脳の発達にとってどれくらい有害なのかについて、科学的知見をもとに確認しておきましょう。

脳科学的手法で認知機能の発達を研究している前出の川島と横田たちは、5歳から18歳の子どもや若者を対象に、3年間の間隔を空けて脳の画像を撮影し、知能も測定して、ゲームをする時間が脳の形態や認知機能に与える影響について検討しています。

その結果、ゲームをする時間が長いほど、学力に影響する言語性知能が低いことが明らかになりました。

また、長時間ゲームをする子どもの脳は、脳内の各組織の発達に遅れがみられることもわかったのです。

脳画像からは、記憶や自己コントロール、やる気などを司る脳の領域における細胞の密度が低く、発達が阻害されていることが明らかになりました。そうなると、ゲームをすることは、能力面にもモチベーション面にも悪影響を与えるとみなさざるを得ません。

さらに驚くべきことがわかりました。ゲームで長時間遊んだ後の30分～1時間ほどは、前頭前野が十分働かない状態にあり、その状態で本を読んでも理解力が低下してしまうというのです。

ゲーム中には、物事を考えたり自分の行動をコントロールしたりするのに重要な役割を担う前頭前野の血流量が少なくなり、機能が低下してしまうのだろうとのことです。

読書によって語彙力や読解力が高まり知的発達が促進されるということや、読書することによって神経繊維の発達や言語性知能の向上がみられることが実証されていますが、ゲームを長時間してしまうと、その後に読書をしても、その効果が低下してしまうというのです。

そのような状態で勉強をしても、頭が働かないため、ほとんど意味がないということになってしまいます。

こうしたことを踏まえると、子どものゲーム時間を野放しにしないことは、親としての責任であるとも言えそうです。

第3章 文章を理解できない子どもたち

日本語の文章なのに意味がわからない子どもたち

わが子が机に向かって教科書や参考書を読んでいるのを見ると、「勉強しているな」と安心するかもしれません。

でも、そこに書かれている日本語の文章の意味をきちんと読解できていないとしたら、いくら予習や復習をしても理解は進みません。読解力が乏しいと、読んでもわからないだけでなく、授業中の先生の解説を聞いても、よくわからないということが起こってきます。

毎日がその積み重ねと考えると、当然授業についていけなくなります。

教科書も参考書も日本語で書かれているのだから、まさか理解できないなどということはあり得ないと思うかもしれません。でも、日本語で書かれた教科書を読んでも意味がわからないということが、現実に起こっているのです。

では、現実を知るために、そういった実態を示すデータをみていきましょう。

学力の国際比較をする際によく参照されるのが、経済協力開発機構（OECD）が2

０００年から３年ごとに各国の15歳（日本では高校１年生）を対象に実施している学習到達度調査ＰＩＳＡです。

ＰＩＳＡでは、数学的リテラシー、科学的リテラシー、読解力、わかりやすく言えば、数学、科学、国語の読解力という３つの能力をテストを用いて測っています。

最新の結果として、２０１９年12月３日に２０１８年の結果が公表され、日本は数学（６位）と科学（５位）はこれまで同様に世界のトップ水準を維持しましたが、国語の読解力は前回の８位から15位に大きく順位を落とし、日本の子どもたちの読解力低下の危機が改めて認識されることとなりました。

ここでは国際的な順位はともかくとして、読解力の実態を知るために、ＰＩＳＡで用いられた問題とその正答率をみてみましょう。

本文は省略しますが、書評の体裁を取る本文の中から、以下の５つの文をそのまま抜き出して、それぞれの文が「事実」をあらわすものか「意見」なのかを問う問題となっています。

①本書には、自らの選択とそれが環境に与えた影響によって崩壊したいくつかの文明について書かれている。
②中でも最も気がかりな例が、ラパヌイ族である。
③彼らは有名なモアイ像を彫り、身近にあった天然資源を使ってその巨大なモアイ像を島のあちこちに運んでいた。
④1722年にヨーロッパ人が初めてラパヌイ島に上陸した時、モアイ像は残っていたが、森は消滅していた。
⑤本書は内容がよくまとまっており、環境問題を心配する方にはぜひ読んでいただきたい一冊である。

答えは、①③④が「事実」を記した文で、②⑤が「意見」を記した文です。

これがすべて正しく選択できて正解としますが、正答率は日本が44・5%、OECD平均が47・4%で、日本の正答率はOECD平均より低かったとされています。でも、いずれにしても半数以上が間違えているわけで、比較しても意味がないでしょう。

ここで注目したいのは、日本の高校1年生の半数以上が事実と意見を区別できなかったという点です。

本文からそのまま抜き出された文なので、内容が正しいかどうかをじっくり検討する必要はありません。ただ、その文が「事実」を記したものなのか、それとも「意見」を記したものなのかを判断すればよいだけです。

①③④には事実が記されており、②⑤には意見が記されているというのは、読めばすぐにわかるはずです。それにもかかわらず、高校1年生の半数以上ができないのです。

これこそ、読解力の危機と言わざるを得ないでしょう。

なぜ教科書を読んでも理解できないのか

人工知能プロジェクト「ロボットは東大に入れるか」を進めてきた国立情報学研究所の新井紀子は、２０１６年に「東ロボくん」の東大合格を断念したことが話題になりましたが、高校生の8割が、文章の意味がわからない人工知能より成績が悪いのはなぜかという疑問を解くために、読解力についての学力調査を主に中高生に実施しました。

その結果は、驚くべきものでした。なんと中学生の約2割は教科書の文章の主語と目的語が何かという基礎的読解ができておらず、約5割は教科書の内容を読み取れていないということが判明したのです（朝日新聞2016年11月9日付）。

教科書に書かれている文章の意味がわからないのでは、勉強ができるようになるわけがありません。

読解力が乏しく教科書さえきちんと読めていない中学生がそんなに多いというのは、とても衝撃的なことでした。私たちは日本人なのだから、日本語で書かれた文章は当然理解できているはずと思いがちですが、読解力が身についていないと、字面を追っているだけで内容を読み取れていないということが頻繁に起こっているのです。

第2章でみたように、本を読まない子どもや若者が非常に多く、小学6年生の5割が平日も毎日2時間以上ゲームをしていることからしたら、読解力が身につかなくなっているのもうなずけます。

新井たちが主に中高生に実施した「基礎的読解力」調査の問題のいくつかとその正答

率をみてみましょう（新井紀子『AI vs. 教科書が読めない子どもたち』東洋経済新報社より）。

［問題］

「Alex は男性にも女性にも使われる名前で、女性の名 Alexandra の愛称であるが、男性の名 Alexander の愛称でもある。」

この文脈において、以下の文中の空欄にあてはまる最も適当なものを選択肢のうちから1つ選びなさい。

Alexandra の愛称は（　　　　）である。

①Alex　②Alexander　③男性　④女性

正解は①の Alex です。これも問題文を読めば容易にわかりそうなものですが、正答率は中学生で38％、高校生で65％となっています。高校生でも3人に1人が読み取れず、中学生に至っては6割以上が読み取れなかったのです。

［問題］
「幕府は、１６３９年、ポルトガル人を追放し、大名には沿岸の警備を命じた。」
右記の文が表す内容と以下の文が表す内容は同じか。「同じである」「異なる」のうちから答えなさい。
１６３９年、ポルトガル人は追放され、幕府は大名から沿岸の警備を命じられた。

正解は「異なる」です。これも問題文を読めば容易にわかるはずですが、正答率は中学生で57％、高校生で71％となっています。中学生の４割以上、高校生の３割近くが読み取れなかったのです。

いずれも長文読解のような難しい問題ではなく、ただひとつの文を読むだけです。しかも、そこに答えははっきり書いてあるのです。それにもかかわらず、読み取れない生徒がこれほどいるのです。

今の子どもたちの読解力がいかに危機的な状況にあるかがわかると思います。これではいくら勉強をしても、身になるとは思えません。まずは読解力を鍛える必要があります。

SNSで言葉を覚える子どもたち

ここまで読解力が身についていないのはなぜかと考えると、やはり本を読まなくなっていることが大きいのではないかと思われます。

前項で紹介したような単文の読解ができないとなれば、教科書や参考書を読んでいくら予習・復習をしたところで、意味不明だったり、勘違いだらけだったりして、ほとんど効果は期待できません。

今や大学生の半数が本をまったく読まずに過ごしているので、読解力は前項の問題に正答できないレベルの者が少なくないと考えられます。そんな読解力では、授業中に教科書を見ても、教員の解説を聞いても、どちらもまるで外国語のように意味不明なのではないかと危惧されます。

大学生の学力低下を危惧してのことか、何年か前から、大学でも学生の予習・復習を促すべく課題を出し、きちんと予習・復習をしているかどうかを評価するようになっています。私は、「小学生じゃあるまいし、予習・復習で大学生が管理されるなんて」と呆れながらも、そうした方針で運営されている限り、可能な範囲内で予習・復習を促さざるを得ません。

ですが、もし本をほとんど読まずに育ったために読解力が鍛えられておらず、本を読んでも読解できないなら、予習・復習を促しても、あまり意味がないでしょう。

もちろん、大学生の学力の二極化も著しいので、読書するのが習慣化しており、読解力が十分鍛えられているため、文学も評論も専門書も自由自在に読み漁り、旺盛な知的好奇心と豊かな教養を土台にして意欲的に学んでいく学生もいます。

ただし、中学生の半数が教科書を理解する読解力がないとしたら、高校や大学に入るとますます本を読まなくなることがデータで示されていることからしても、多くの大学生は専門書どころか、小説や評論もきちんと読解できないのではないでしょうか。

実際、心理学系の大学教員の間では、かつてはふつうに実施していた心理検査やアンケート調査ができない学生が出てきているということが、しばしば話題になります。

どういうことかと言うと、心理検査やアンケート調査の質問項目を理解できないのです。各項目を読みながら自分にあてはまるかどうかを考えて回答するのですが、質問項目の言葉の意味がわからないのです。

自己採点式の性格検査のようなものをする場合も、かつては各自が手引きを読んで採点していたのに、読んでもわからないようで質問してきたり、間違った採点をしたりする学生も目立つようになりました。つまり、採点の手引きのような、簡単な実用文さえもうまく読解できないのです。

そうした学生と話すと、「そんな言葉、友だちとの会話で使わないし、ＬＩＮＥでも使わないし……」などと言います。

本を読まずに、日常会話やＳＮＳのつぶやき程度のやりとりでしか言葉を覚えないとしたら、語彙力も読解力も本を読まない小学生レベルから発達することは期待できません。

小学生のレベルを超えた語彙のほとんどは、話し言葉でなく書き言葉の中に出てくるものです。ゆえに、語彙レベルを上げるには、読書によって言葉を増やしていくしかありません。

本を媒介にすれば、日常の会話では使わない言葉を獲得していけるのです。読書しない子は、小学生レベルを超える語彙を身につけることができないままになってしまいます。

日常会話に不自由しないからといって、国語の問題が解けるわけではありません。おしゃべりな子が、必ずしも勉強ができるわけではないでしょう。そう考えると、日常会話の能力と、知的学習をするのに必要な語彙力・読解力は、まったく別物だということがわかるはずです。

色や字の大きさが同じだと、どこが重要かわからない

便利なものができるたびに人間の能力は衰えていくというのは、昔からよく言われてきたことです。

エレベーターやエスカレーターがそこら中にできることにより、階段を上ったり下りたりする機会が減り、運動不足から足腰が弱くなるというのもよくあることです。ワープロやパソコンで文章を書くようになってから、以前は書けた漢字が書けなくなったと

いう話もよく耳にします。携帯電話を使うようになってから、知人の電話番号どころか自分の家の電話番号も覚えられなくなったという人もいるでしょう。

それはどうでもいいようなことかもしれませんが、教育現場で便利なものを使うことで弊害が起こっているとしたら、けっして無視することはできません。

私は、教育以外の仕事では、わかりやすさや説得力のためにパワーポイントも使いますが、教育の場では使っていません。それは教育の場では安易にわかったつもりにさせずに、わからないことをはっきりさせないといけないし、読解力を鍛えないといけないと考えるからです。

そんな授業であるため、板書や配布資料を見て、「何が大事かわからないので、大事なことは字を大きくしたり、色を変えたりしてください」「影響関係がわからなくなっちゃうから、矢印で結んでもらえますか」などと言う学生が出てきます。

パワーポイントを使う多くの授業では、大事なことは字が大きくて、とくに大事なことは色も変えてあるから、何が大事かすぐわかる、影響関係も矢印で結んであるからひと目でわかるというのです。

逆に言えば、板書や資料を読んだり、解説を聞いたりして、その意味を考えて、何が重要かを自分の頭で判断することができないわけです。ここが重要ですよと示されれば、それが重要なのだと受け止める。そんな読解力では、本や文書を読んでもしっかり読解できないでしょうし、勉強でも仕事でも人の話をきちんと理解できずに、とんちんかんな受け止め方をしてしまいかねません。

教科書が「文学」と「実用文」に分かれるという実態

2022年の高校1年生から年次進行で順次適用される高等学校学習指導要領によれば、国語の授業で実用文を学ぶ学校が出てくることになります。

ちょっと複雑なので、わかりやすいように話を簡略化すると、これまで高校2・3年生が学んできた「現代文（A・B）」という科目が「論理国語」と「文学国語」に分かれ、いずれかを選択することになります。

新たな科目の「論理国語」では、論説・評論・学術論文などの論理的な文章の他に、報道や広報の文章、案内、紹介、連絡、依頼などの文章、法令文、キャッチフレーズ、宣伝の文章などの実用的な文章が盛り込まれることになっています。

国語の授業改革と並行して大学入学共通テストも始まりましたが、そのモデル問題が２０１７年に示されたときは、教育界に大きな衝撃が走りました。国語の問題では、なんと自治体の広報文や駐車場の契約書の読み方をめぐる問題が出題されたのです。

従来の国語の入試問題では、小説・詩歌や評論・随筆など文芸作品が出題されたものですが、そこにはあからさまな実用文へのシフトがみられました。

さすがにこれには批判や疑問が噴出したためか、２０２１年の第1回大学入学共通テストの問題を見ても、２０２２年の第2回大学入学共通テストの問題を見ても、現代文は評論と小説で、実用文は出題されませんでした。

ただし、今後は学習指導要領に従って、国語の授業で実用文の読み方を学ぶ生徒たちも出てくるため、入試問題でも実用文へのシフトがみられるかもしれません。

ここで考えなければならないのは、なぜこのような改革が必要になったのかということです。

学校の国語の授業といえば、著名な作家の小説を味わうことで人生について深く考えたり、詩歌の鑑賞によって心を豊かにしたり、評論を読んで社会をみる目を養ったり価値観を形成したりしていくといった印象がありました。国語の時間に自治体の広報文や駐車場の契約書の読み方を学ぶなどとは、だれも思っていなかったはずです。

ところが、これまでにみてきたように、本を読まないために読解力が乏しく、心理検査の採点の手引きのような実用文さえ、きちんと読解できない者が増えてきているのです。

高校の先生たちと話すと、ウチの生徒たちに小説だの評論だの格調高い文章を読ませるのは無理です、学校からの通知文さえろくに読解できないんですよ、などといった声も聞こえてきます。

そんな状態のまま、社会に出たら困るでしょう。実際、社会に出て事務文書をきちんと読解できず、関係者を困らせている人もいるようです。きちんと文書に書いてあるのに、それを理解できず、不備を指摘されたり、自分の要求が通らなかったりすると、いちゃもんをつけられたように感じ、クレーマー化する人もいます。そこで、国語の授業では小説など読ませている場合じゃない、利用規定や契約書といった実用文の読み方を学ばせる必要がある、ということになったのでしょう。

新しい学習指導要領に対応した教科書が作成されていますが、生徒たちの学力水準により、文学中心の教科書を使う学校と実用文を盛り込んだ教科書を使う学校に分かれます。それにより、学校による学力格差がますます広がっていくはずです。

ただし、元々知的好奇心が強く、本をよく読み、読解力を身につけている生徒は、学校の国語の授業がたとえ実用文中心になったとしても、実用文など当たり前のように読めるので、自分自身の趣味や学習として小説や評論など文学に親しみ、教養を身につけていくでしょう。

一方で、元々知的好奇心が乏しく、実用性ばかりを追求する生徒たちは、日頃から本を読まず、読解力が乏しいため、国語の授業で実用文の読み方を学び、最低限の読解力を身につけることができるにしても、授業でほとんど文学を扱わないということになると、文学には縁のない人生を送ることになります。

これは、現状からして仕方ないとはいえ、文学や評論に親しむ教養人と、実用文を読むだけの非教養人の二極化が、どんどん進んでいくことにならざるを得ません。

わが子を後者にさせたくないのであれば、子どもの頃から読書習慣が身につくような環境づくりを心がけてあげるべきでしょう。

なぜ小学生の暴力が急増しているのか

子どもたちの社会性の欠如がしばしば指摘されますが、このところ問題になっているのは、小学生の暴力行為が急増していることです。

文部科学省の調査データによれば、2019年度の小学校から高校までの児童・生徒による暴力行為件数、不登校の児童・生徒の割合、いじめ認知件数は前年度を上回り、増加傾向が続いています。

教育機関における児童・生徒の暴力行為の発生件数は7万8787件で、その内訳をみると、小学校4万3614件、中学校2万8518件、高校6655件となっています。

なかでも注目すべきは、小学校の暴力行為件数が過去最高（前年比1・2倍）となり、2年連続で、中学校での暴力行為件数を上回ったことです。

かつては荒れる中学生などと言われ、中学生の暴力行為件数が圧倒的に多かったのですが、とうとう小学生が抜いてしまったのです。

２０１１年までは、小学校での発生件数は、中学校はもとより高校よりもはるかに少なく、中学校での発生件数が飛び抜けて多かったのです。ところが、２０１２年から小学校での発生件数が急激に増え始め、ついに２０１３年に高校を抜き、その後も急増し続けて、とうとう２０１８年には中学校を抜き、２０１９年には高校の６・６倍、中学の１・５倍以上になっています（２０２０年度は、小中高校のいずれにおいても件数が減っていますが、新型コロナの流行による通学者数の減少という特殊要因があるので、ここでは２０１９年度までのデータを取り上げます）。

こうした動向は、厳しさを欠いた子育てにより、自分の中の衝動を適切にコントロールできない子どもが増えていることの証拠と言えますが、そこには読解力の乏しさも関係していると思われます。

第１に、友だちづきあいの中で、読解力不足によるコミュニケーションのすれ違いが起こりやすいということがあります。

読解力が乏しいと、相手の言葉の意味を正確に読み取ることができず、ちょっとしたことがきっかけでトラブルに発展しやすいからです。

これには、読解力と相互作用しながら発達していく語彙力の不足も関係します。

語彙力が乏しいと、文章や人の言葉を適切に読解できないだけでなく、自分の思っていることを的確に表現することもできません。何でも「やばい」とか「エモい」とかですませていると、微妙なニュアンスを伝えるための言葉が頭の中の辞書にないため、自己表現がうまくできず、このこともコミュニケーションのすれ違いによるトラブルを生みやすいと言えます。

第2に、授業の場で読解力不足によるイライラが生じやすいということがあります。

教科書を読んでもよくわからず、授業中の教員の解説を聞いてもよくわからないとなると、だれだって嫌になるし、そんな状態が続けばイライラするでしょう。

朝から午後まで、しかも毎日のようにそのような授業時間を過ごすのは、相当きついはずです。そのストレスによって攻撃的な気持ちになりやすいと言えます。

クレーマーの増加が社会問題となり、企業や店舗の顧客対応担当者は、理不尽なクレーマー対策に頭を悩ませていますが、そうした問題にも読解力不足が関係しているのではないでしょうか。

理不尽な文句や要求をぶつけるクレーマーなど、何かとすぐに苛立ちを示す人には、相手の言うことをきちんと理解できないため、いちゃもんをつけられたように感じたり、理不尽なことを言われたような気になって、攻撃的になっている人が多いように思われます。

こうしてみると、学力を高めるためというのはもちろんのこと、人間関係をうまくやっていくためにも、読解力を身につけていくことはとても重要であり、読解力の乏しさはいろんな意味で大きなハンディになると言ってよいでしょう。

第4章 なぜ読書が最強の武器なのか

私たちは「言葉」で考える

勉強するときだけでなく、友だちとおしゃべりするときも、家族の団らんで話すときも、テレビでドラマやアニメをみるときも、私たちは頭の中にある言葉を駆使して考えながら応答したり、楽しんだりしているはずです。

友だちが突然怒り始めたときは、なんで怒っているんだろうと、その前の状況を思い起こしながら推測し、理解しようとします。友だちが泣いているのを見かけ、「どうしたの？」と声をかけ、事情を聞いたときも、自分なりにその友だちの言うことを整理して、理解しようとします。

そのような場合、言葉を豊かにもっていれば、「こういう感じなのかな？」「こういうことかもしれないな」と推測する際に、非常に繊細に思いをめぐらすことができますが、言葉が貧困だと、「いったいどういうことなんだ」と戸惑うばかりで、なかなか頭の中を整理できません。

言葉を豊かにもてば、物事をきめ細かく考えることができるようになります。だからこそ、言葉をどんどん獲得していく必要があるのです。

私たちは言葉で考えるのだ、ということを踏まえておきましょう。思考力を高めるためには読書が最強の武器になります。以下の各項目で、その根拠について具体的に説明していくことにしましょう。

人はいつから本を読み始めるのか

生まれたばかりの赤ちゃんは、当然のことながら何も言葉をしゃべりません。それが、幼稚園児くらいになると、自由に言葉を操り、自分の思うことをしゃべりまくるようになります。幼い子どもの言語学習能力には、目を見張るものがあります。

当初は言葉は少しずつ増えていきますが、生後1歳半くらいから語彙数が急速に増え始め、2歳を過ぎる頃には急激に語彙数が増加します。これを「語彙の爆発」と言います。

この時期には、しきりに物の名前を尋ねたりします。その時期を「命名期」と言います。そして、1歳半頃にはわずか50語程度だったのが、2歳で200〜300語程度、3歳で1000語程度というように語彙数は飛躍的に増加し、簡単な日常会話には不自由しない程度のコミュニケーション能力を獲得します。

ただし、日常会話に不自由しなくなったとしても、本を読めるわけではありません。読書ができる前提として、最低限ひらがなが読める必要があります。

ひらがなを読む能力の発達に関しては、心理学者の島村直己と三神廣子が幼児を対象とした調査を行っています。それによれば、ひらがな46文字の平均読字数は３歳児で14・０文字（30・４％）、４歳児で34・７文字（75・４％）、５歳児で43・８文字（95・２％）でした。３歳児はひらがなをまだあまり読めないけれども、４歳児は大半を読むことができ、５歳児はほとんどが読めることがわかります。

幼児向けの絵本の文章には漢字は使われていないし、小学校低学年向けの絵本では簡単な漢字を使うとしても、ふりがなを振ってあります。ゆえに、最低限ひらがなが読めれば、絵本を自分で読むことができます。

ただし、楽しそうに絵本を見ているからといって、必ずしもひらがなが読めているわけではありません。絵本の読書行動には、いくつかの発達段階があります。

個人差があるので、一概に言えませんが、３歳くらいまでは絵を見て楽しむ時期と言えます。この段階の子は、ひとつひとつの絵を断片的に楽しんでいるのであって、物語の流れを追っているわけではありません。

つぎに、絵をもとに勝手なお話を語って楽しむ段階があります。

そして、4歳くらいから、文字を読むという意味での読書が始まります。はじめのうちは、「これ、なんて読むの?」「これ、なんていう字?」などと親に尋ねながら、文字を覚えていきます。まだ自分ではうまく読めないので、親に「読んで」とねだったりします。そうしたやりとりを通して、徐々に読書能力が身についていきます。

文字が多少とも読めるようになると、絵ばかりでなく文字にも関心が向くようになり、読める文字を詰まりながらも一所懸命に読み、読めない文字は無視したり、大人に聞いたりする段階に到達します。

読める文字が増え、読むことにも習熟してくると、ひとりで読んで楽しめるようになります。5歳くらいになると、ひらがなはすべて読めるようになるので、絵本なら文字も読みながらひとりで楽しめます。

文字を読むことに慣れてくる6歳くらいになると、絵本でなくても、ひらがなで書かれたやさしい本ならひとりで読めるようになります。この段階になってから小学校に入り、勉強が始まります。

「読書」によって学力の基礎となる「語彙力・読解力」が高まる

本を読むことによって学力の基礎となる語彙力や読解力が高まるというのは、はたしてほんとうなのでしょうか。

本を読むだけで学力の基礎ができていくなら、考えようによっては楽しみながら学力が身につくので、一挙両得のようにも思えてきます。

ここでは、読書の効果についての科学的知見を確認してみましょう。

読書量と語彙力の関係については、多くの調査研究が行われていますが、就学前の幼児を対象とした調査研究、小学生を対象とした調査研究、中学生や高校生を対象とした調査研究、大学生や大学院生を対象とした調査研究のどれをみても、読書量が多いほど語彙力が高いといった傾向が一貫して示されています。

読書するというのは、多くの言葉に触れることでもあり、読書によって多くの言葉に触れている子と、読書をあまりせず言葉に触れる機会の少ない子では、獲得している言葉の数が違うのも当然でしょう。読書習慣がある子と、ほとんど読書をしない子では、語彙力の差がどんどん拡大していくと考えられます。

文章を理解するには語彙力とともに読解力も求められますが、読解力に関しても、読書量が多いほど読解力が高いということが、多くの調査研究によって示されています。

心理学者の猪原敬介たちは、小学校1年生から6年生までの児童を対象に、読書量と語彙力・読解力の関係についての調査研究を行っています。その結果、読書時間や読書冊数、学校の図書室からの図書貸出数などから測る読書量が多いほど、語彙力も読解力も高いことが示されました。

言語学者の澤崎宏一は、大学生を対象として、読書習慣と読解力の関係についての調査研究を行っています。その結果、子どもの頃から現在までの総読書量が、文章理解力と関係していることがわかりました。

さらに澤崎は、高校時代や大学時代の読書量より、小中学校時代の読書量の方が、大学生になったときの単文の読解力に強く関係していることがわかりました。

第3章で、たったひとつの文をも読解できない中学生や高校生が非常に多いことを指摘しましたが、そこにも読書習慣の有無が関係しているものと思われます。

本の読み聞かせを始める時期は早いほどいい

読書をするのがよいとはいっても、2歳前後の幼児となると、自分で読書することはできません。だから読書経験にまだ差がないかというと、そんなことはありません。

この時期に威力を発揮するのが、読み聞かせです。この時期には、読み聞かせをよくしてもらっているかどうかが重要となります。

読み聞かせの効果に関しても、多くの調査研究が行われていますが、そうした調査研究の結果をみると、読み聞かせを始めた時期が早いほど、また読み聞かせの頻度が高いほど、語彙力が高いといった傾向がみられます。読み聞かせにも、読書と同じような効果があるようです。

語彙力の場合と同様に、親による読み聞かせが、子どもの読解力も高めることがわかっています。

幼児期から小学校中学年まで追跡調査した研究でも、幼児期に親からよく読み聞かせをしてもらった子どもは、あまり読み聞かせをしてもらわなかった子どもよりも、小学校４年生になったときに読解力が高いことが示されています。

心理学者の荒牧美佐子たちも、幼児期から児童期にかけて追跡調査を行い、幼児期の読み聞かせの頻度や時間が多いほど、小学校低学年時のひとり読みの頻度が高く、高学年になってもひとり読みの頻度が高く、その結果６年生になったときの言語能力も高いことを確認しています。

この調査研究のデータをみると、幼稚園年少児・年中児・年長児に対する親の絵本や本の読み聞かせ頻度は、「ほとんど毎日」がそれぞれ36・３％、26・９％、19・７％、「週に３〜４日」が22・６％、19・２％、17・７％、「週に１〜２日」が25・１％、31・８％、33・１％、「月に１〜３日」が10・７％、13・７％、17・４％、「ほとんどない」が５・０％、８・０％、11・９％となっています（「これからの幼児教育」２０１９年春号　ベネッセ教育総合研究所　以下同書）。

年少から年長に年齢が上がるにつれて読み聞かせ頻度が多少減っていくのは、徐々にひとりで読めるようになっていくことによるのでしょう。

読み聞かせの時間は、「5〜15分未満」が最も多く、年少・年中・年長のいずれも5割以上が「5〜15分未満」となっています。「15〜30分未満」は20・2%、18・9%、17・3%と2割ほどになり、「30分〜1時間未満」は5・2%、3・0%、4・2%と比率は低いですが、かなりの時間、読み聞かせをしている親も結構いるようです。

　そして、年長時の読み聞かせの頻度と、その子たちが小学校1年になったときの、ひとり読みの頻度の関係を検討しています。

　そのデータをみると、年長時に「ほとんど毎日」読み聞かせがあった子は小学校1年時に53・1%が「ほとんど毎日」ひとり読みをしていますが、「週に3〜4日」だった子で「ほとんど毎日」ひとり読みする子が38・3%、「週に1〜2日」だった子で「ほとんど毎日」ひとり読みする子が27・2%、「月に1〜3日」だった子で「ほとんど毎日」ひとり読みする子は20・7%などとなっています。

　このように、幼児期に読み聞かせを毎日のようにしてもらっていた子ほど、小学校に進んでから、ひとりでよく本を読むようになっていることがわかります。

思考は「言語化できる範囲」で行われる

本を読まずに育ち、頭の中に言葉をあまり蓄積していないと、目の前の出来事を整理して理解できなかったり、自分自身の心の中の反応をはっきりとつかめなかったりします。

そんな状態で、インターネットという便利な検索手段があるため、授業で課題を出しても、自分の頭でじっくり考えるということができず、安易にネットで検索して、だれかの考えを切り貼りしてすませてしまう風潮があります。

それでは思考が深まらないし、ほんとうに理解できているかどうかも怪しいものです。

そこで「ネットで検索するのではなく、自分の頭で考えるようにしてみたらどうか」と言うと、「ネットで検索するのと考えるのと、何が違うんですか」と言う学生もいます。

たしかに自分の頭で考える際には、頭に浮かぶ言葉をめぐってあれこれ考えるのですが、それらの言葉の多くはだれかの本を読むことで自分の中に蓄積されてきたものであって、自分のオリジナルとは言えません。

でも、読書も含めて自分自身の経験に根ざし、年月をかけて自分の中で熟成した思いや考えをこねくり回すのと違って、自分自身から切り離されたネット上に浮遊する情報を検索し引き出す場合、そこには自分の言葉も気持ちも組み込まれていません。

長年にわたって読んだ本から取り込んだ言葉や、読書しながら頭に浮かんだ言葉が蓄積され、それらの言葉を駆使して日頃の経験を意味づけるという姿勢が身についていれば、授業で課題が出ても、自分の中で熟成された言葉を用いて考えることができますが、言葉を蓄積していないと、与えられたテーマをどう料理したらよいかがわかりません。それで、つい検索に頼ることになるわけです。

本を読むことを単なる情報収集とみなしている人は、今すぐに役立つ情報、そのまま利用すれば解決するだろうと思われる情報ばかりを求め、自分とじっくり向き合いながら考える、ということを省略しがちです。

でも、読書の効用のひとつに、自分との対話を促すということがあります。本に書かれている言葉によって、自分の記憶の中に眠っていたものが活性化され、過去の出来事を思い出したり、それにまつわる自分の思いを改めて意識したりすることがあります。そうした記憶素材が、今自分が直面している状況、あるいは今後直面するであろう状況の打開策を考えるヒントになることもあるでしょう。

ネット検索が簡単にできる便利な状況は、じっくり本を読んだり、自分の頭で考えたりする時間を奪ってしまうという意味で、思考力の発達にとってあまり好ましいものとは言えないのです。

読書で「思考の手段」が手に入る

私たちが言葉でものを考えるということ、そして本を読むことで語彙力や読解力が高まるということから言えるのは、読書することで思考力が高まるということです。

本を読めば、いろんな言葉に触れることができます。知らない言葉に出合うこともあるでしょうが、そのときは文脈をもとに、その言葉の意味を推測して読み進めていくでしょう。どうしてもわからないときは、周囲の大人に聞いたりすることになります。子どもが親や先生に、「これ、どういう意味？」などと尋ねるのはよくあることです。

読書によって手に入るのは、言葉だけではありません。絵本や児童書を読んだり、読み聞かせしてもらったりしながら、その文章から具体的な場面を思い浮かべているはずです。クマさんがブタさんと遊んでいる場面を思い浮かべたり、山奥の洞窟の奥の方に入っていく場面を想像したり、海賊と戦っている場面を想像したり、宇宙ロケットの中から地球を眺めている場面を想像したり、カモやアヒルが後をついて歩いている場面を想像したり……。

このように、読書や読み聞かせで本を楽しむ際には、テレビなどの映像を楽しむ場合と違って、言葉の連鎖から具体的場面を立ち上げる想像力が必要になります。そうした想像力を働かせることなしに、本を楽しむことはできません。

一方、映像を見る際には、具体的な場面がすべて与えられているので、想像力を働かせることなしに楽しむことができます。

ゆえに、読書や読み聞かせで本を楽しむことによって想像力が鍛えられていきます。

小中高校時代に、便利な視聴覚映像で授業を受けてきたせいか、文章で手順を説明されてもきちんと理解できず、「すみません、言葉で言われてもよくわからないので、わかりやすく図解してもらえますか」などと言う大学生もいますが、言葉の連鎖から具体的な場面を思い浮かべる想像力が鍛えられていないのでしょう。

それは、ものを考える際に、大きなハンディになります。実際、読書をしない人が増えていることから、口頭の解説や文章から実際に起きている事件の構図を具体的に思い浮かべられない人が多いために、テレビの解説などで図解がよく使われるようになっているのでしょう。

こうすると健康にいいなどと科学的知識を噛み砕いて解説する番組でも、こんなことまで図解したり模型を使ったりしないといけないのか、そこまでやらなくてもよいのでは、と思わざるを得ないほど懇切丁寧な図解やモデルが使われたりしますが、そうしないと理解できない、言葉から具体的なイメージを立ち上げることができない人が多いからなのでしょう。

でも、実際の社会生活の場面で、たとえば取引先の担当者が提案書をもとに口頭で説明する内容がよくわからず、「すみませんが、おっしゃっていることがよくわからないので、提案書の内容をわかりやすく図解していただけますか」などと要求したら、いかにも使えない人物のように思われてしまうでしょう。

本を楽しむことは、論理面で想像力を働かせる鍛錬になるばかりでなく、情緒面でも想像力を働かせる鍛錬になります。社会生活でも、国語などの勉強でも、人の気持ちに想像力を働かせる必要があります。読書や読み聞かせで登場人物（動物なども含めて）の気持ちの描写に多く触れることで、人の気持ちに対する想像力が高まります。

このように、本を楽しむことで、ものを考えるためのさまざまな手段を手に入れることができるのです。

かつては為政者が国民が本を読めるようになるのを恐れたり、横暴な経営者が従業員が本を読めるように教育を受けるのを禁じたりしたことがありましたが、ものを考えずに言われた通りに動いてくれればいいと思っている権力者にとって、読書するという行為は、それほどまでに危険なものとみなされたのでした。

このことは、読書が思考力を鍛えるのに非常に大きな威力を発揮することの証拠とも言えるでしょう。

自分の気持ちや考えを整理できる

感想文を書くのが苦手という人に対して、「自分が思ったことを書けばよいのだから、簡単じゃないか。思ったままを書けばいいんだよ」などとアドバイスする人がいます。でも、それこそが難しいのです。

私自身、感想文を書くのに苦慮することはあります。以前、映画の試写会に呼ばれることがよくありました。いろんな映画を観られるのはよいのですが、観終わると必ず用紙が配られ、感想を書くように言われます。観ている最中に自分の心の中にいろんな動きがありました。でも、自分の心の動きだからといって、それを言葉ではっきりとらえるのは、かなり重たい心の作業になります。

私は、授業の後に、用紙を配り、今回の授業を刺激にして気づいたこと、思ったことを書くように求めるということを、何十年もしてきました。自分が気づいたこと、思ったことを書けばいいのだから簡単だと思うかもしれません。でも、なかには、「何も思い浮かばないんですけど、何を思えばいいんですか」などと言ってくる学生もいます。

心ここにあらずで授業に参加していなかったならそれも仕方ありませんが、うなずきながら熱心に講義に聴き入っていた学生の場合は、心の中にいろんな反応があったはずなのですが、それを振り返って言語化することに慣れていないのでしょう。

　映画や本の感想というと、全体を俯瞰して考えないといけないため、大変な労力を要しますが、授業をもとに気づいたこと・思ったことを書いたり、何らかの具体的なテーマについて思うことを書いたりする場合などは、自分の心の中に思い浮かぶことをそのまま書けばよいので、そこまで苦労せずに書けるはずです。

　でも、語彙が乏しいと、自分の心の中の動きをうまく言語化することが難しいのです。

　私は、心理学者としてカウンセリングもしてきましたが、悩みを抱えてやってくる人は、自分の心の中で何が起こっているのかがわからず、混乱しています。なぜ授業に出られなくなったのか、なぜ何もやる気がしなくなってしまったのか、なぜ友だちと一緒に過ごす際にこんなに緊張するのか、それがわからず立ち往生しています。

　カウンセリングの中で、思い浮かぶことをたどたどしく、断片的にでも語り、ああでもないこうでもないと堂々めぐりする思いを何度も語り直すことを通して、徐々に心の中が整理されていきます。行き詰まりの理由をはっきり言葉で整理できる場合もあれば、よくわからないままに解決する場合もあります。いずれにしても、混沌とした心の中を言葉を用いて整理しようとする試みの中で、何か凝り固まっていたものが融解《ゆうかい》していくのでしょう。

言葉には、そんな力があります。

言葉の力について話し、言葉をもたないと自分の心の中のモヤモヤした思いを整理できないため、ひどく落ち込んだり、イライラしたりといったことも起こってくると説明した授業の後で、「自分はよくイライラして人を殴ったり、物を壊したりしちゃうんですけど、それは言葉をもたないからだって気づきました」というようなことを言ってきた学生がいました。

そして、これから本を読むようにしたいとアドバイスを求めてきたので、こうしたテーマに関連しつつ、読みやすい本を紹介しました。

その後、その学生は本を読み続け、言葉や考え方をたくさん吸収し、安定感が感じられるようになり、自信をもって社会に出て行きました。読書には、こんな効用もあるのです。

第5章 子どもは親の「言うようになる」のでなく「しているようになる」

子どもは親をよく見ている

　教育現場の先生たちと読書についての話をすると、必ずと言ってよいほどいつも出るのが、ウチの子は本を読まないから先生から読むように言ってほしいという親の話です。
「ウチの子には、本を読むといい、将来のためになる、だから本を読みなさいっていつも言ってるんですけど、全然読まないんです。何とか先生から本を読むように言い聞かせてください」などと頼まれることがあると言います。

　そんなとき、機転の利く教員が、「そうですか。それは困りますね。で、お母さんは、毎日どのくらい本を読まれてますか？」と尋ねると、気まずい感じで絶句してしまう母親が少なくないようです。

　そうなると、子どもがいくら言われても本を読むようにならない理由は明らかです。
それは、身近な親が本を読む姿勢を身をもって示していないからです。

　日頃から、親が本に没頭したり、楽しそうに本を読んだりしているのを身近に見ていれば、子どもは「本ってそんなに夢中になるほど面白いのか」「なんか、本って面白そう」と思い、本に興味をもつはずです。

暇さえあれば本を手にしてパラパラめくっている親を見ている子どもは、いつの間にかいつも絵本を手にしてパラパラめくるようになっていることが多いものです。

本を読むことがまったくない親をいつも間近に見ている子どもの頭には、本を読もうといった発想は浮かばないでしょう。面白そうというような本に対する肯定的なイメージもないでしょうし、本に対する興味も芽生えようがありません。

それなのに「本はためになるから読みなさい」と言われても、実感が湧かず、なかなか素直に読む気になれないでしょう。そんな状態のときに、いくらしつこく読むように言っても逆効果にしかなりません。

覚えておきたいのは、子どもは親の「言うようになる」のでなく、「しているようになる」ということです。

親が本を読めと言うから、子どもが本を読むようになるというのではなく、親が日頃からよく本を読んでいるから、子どもも本を読むようになるのです。

子どもは親の言動を真似る

そうした心理メカニズムのことを「モデリング」と言います。身近な人物などをモデルとして、その行動を真似することで、新たな行動様式を身につけることを指します。この場合の行動には、発する言葉も含まれます。

たとえば、親が何かにつけてイライラして、人を口汚くののしるようなことをしていると、子どももそれをモデルとして、すぐにイライラを示すようになり、思い通りにならないときなど癇癪《かんしゃく》を起こして、親や友だちを口汚くののしるようになることもあるでしょう。

影響を与えるのは親だけではないので、実際にどうなるかには複雑な要因が絡み合いますが、そのようなリスクがあるのは確かです。

親がテレビドラマやニュースをみながら「かわいそう」と同情を示したり、友だちに対して「大丈夫？」「痛くない？」と思いやりのある言葉をかけたり、「頑張ってね！」「きっとうまくいくからね」と励ましたりしているのを日常的に目にしている子どもは、それをモデルとして、友だちにやさしい言葉をかけるようになっていく可能性が高いでしょう。

「どうしよう、もうダメだ！」「間に合うわけがない」「できるはずがない」「そんなの無理」などと悲観的な言葉を口にする親を日常的に見ている子どもは、それをモデルとして、すぐにパニックになって悲観的な言葉を発するようになるだろうと予想することができます。

反対に、「きっと何とかなる」「方法はほかにあるはず」「まあ、ダメもとで頑張ってみよう」というような前向きの言葉を口にする親を日常的に見ている子どもは、それをモデルにして、危機的な状況に追い込まれてもパニックにならず、前向きの姿勢を取れるようになるだろうと予想することができます。

モデルとなるのは、親に限りません。テレビアニメやマンガでドラえもんやクレヨンしんちゃんの行動や言葉にしょっちゅう触れることで、ドラえもんやクレヨンしんちゃんの行動パターンや口癖を真似するようになったりするのも、モデリングによるものと言えます。

その意味でも、親自身が自分の言動に気をつけるとともに、子どもが接するメディアにも注意しておく必要があります。

子どもは親の「しているようになる」

子どもは親の「言うようになる」のでなく「しているようになる」ということ、いわゆるモデリング効果は、子育てをしているとしばしば実感するのではないでしょうか。

私は、レストランなどで食事をして会計する際には、「ご馳走様でした」と言うのが口癖になっていますが、こうした口癖も子どもはいつの間にかモデリングしており、子どもたちは店を出る際に「ご馳走様でした」と言うようになっていました。

私は歩いたり運動をしたりするのが好きなので、野球のグローブとボール、サッカーボール、バレーボールなどをもって子どもたちをしょっちゅう自然公園に連れて行ったり、片道1時間くらいの散歩をしたりしたので、子どもたちも歩くのが当たり前という感じでよく歩くようになりました。

私は暇さえあれば本を読み、移動中も本を読むのですが、バスとか車は揺れて本を読むと気分が悪くなるため、極力電車で移動するようにしています。

家族で街中に出かけるときや行楽地に出かけるときは、電車で私がいつも本を読んでいるため、子どもも絵本や児童書や図鑑をカバンに入れて出かけ、電車の中で読むようになっていました。

それはよいのですが、好ましくないモデリング効果を感じることもあります。たとえば、私が家の中で本を読んでいる合間に何か用事があって動くとき、本を脇に挟んでいるのをいつも見ているせいか、子どもがいつも本を脇に挟んでトイレに行くのを見て、これはまずいなと思いましたが、結構その癖が定着してしまいました。

私は、「急げ急げ病」とも言われる「タイプA行動パターン」（絶えず急いでいる行動パターンのこと）を身につけてしまっており、せっかちなところがあります。長い列に並ぶのが苦手だし、とくに急ぐ必要がなくても急ぎ足で歩いてしまい、駅のエスカレーターなどでもじっと立っていられず、つい歩いてしまいます。

あるとき、それがいつの間にか子どもにモデリングされ、子どももいつも速足で急いでおり、とてもせっかちになっていることに気づきました。急げ急げ病の行動パターンにはまってしまうと、さまざまな病気にかかる確率が高く、早死にする確率も高いので、自分でも改善しなくてはと思っていたのですが、子どもにモデリングされてしまっていたのはショックでした。

また、私の父親がいつも冗談を言ってふざけていたせいか、私は学校でもふざけてばかりで、先生に毎日のように叱られる日々を過ごしていました。しかも、幼稚園児や小学生の頃だけでなく、中学でもふざけては叱られ、帰り道で反省するのですが、翌日になるとまたふざけてしまいます。高校でもそんなことがありました。

それもモデリングによるものかもしれませんが、私がしょっちゅうふざけて子どもたちをからかうせいで、息子が娘をからかいすぎて喧嘩になることが多く、これもあまり望ましくないモデリング効果が働いたのだろうと思います。

このように、子育てをしていると、行動や口癖などあらゆる場面でモデリング効果を実感することがあるものです。

親の読書習慣が子どもにうつる

ここまで来るともうおわかりのように、本を読む子になってほしいと願うなら、このモデリング効果に期待し、親自身が本を読む姿勢を見せるのが最も効果的です。

家の本棚に本がたくさん並んでいれば、親が本を読むのだなと思うでしょう。本がたくさんあるということは、親が本をよく読んでいることのあらわれと受け止められます。

そして、親が本を読んでいる姿をしょっちゅう見かければ、読書する姿勢は、モデリングにより自然に身についていくでしょう。何も意識しなくても、子どもは身近な親の行動を自然に真似るものです。

親がときどき本を買ってきたり、図書館から本を借りてきたりするのを見れば、子どもも本がほしくなります。おねだりすることもあるでしょう。

そんなときは、一緒に書店に行ったり、図書館に行ったりして、いろんな本を見て、とくに興味のある本を買ってあげたり借りてあげたりすれば、本を読む良いきっかけになります。

一方、家にはほとんど本などなく、親が本を読んでいる姿を見ることもなければ、子どもは本に関心のない姿勢を、モデリングによって身につけてしまうことになりがちです。

親が本を買ってきたり借りてきたりすることがなければ、子どもの心の中に本を買うとか借りるといった発想自体、浮かばないでしょう。

それでも、友だちが本を買ってもらったり、借りてもらったりしているのを羨ましく思い、おねだりすることもあるかもしれませんが、それは本を読む良いきっかけになるでしょう。しかし、必ずそんな出来事が起こるとも限りません。

また、親自身が本を読まず、本に関心を示さないのに、「本を読むといいよ」「本を読みなさい」「本は面白いよ」などと言っても、まったく説得力がありません。

そうした親の姿勢が、かえって子どもを読書嫌いにしてしまうこともあります。読書嫌いとまでは言わなくても、読書にまったく関心がない読書離れの姿勢を身につけさせてしまいかねません。

大事なのは、親が本を読むのを楽しむことです。親が楽しそうに本を読んだり、本に没頭したりしている様子を見ていれば、子どもも本に対して肯定的なイメージをもつはずです。すぐに本を読むことがなくても、いざ本を読まなければならないときが来れば、とくに抵抗なく読むことができるでしょう。

反対に、親が本を読むのを楽しんでいる様子が見られない場合は、読書することのハードルが非常に高くなってしまいます。

親自身の読書習慣だけでなく、子どもと一緒に本を読んだり、子どもに読み聞かせをしたりするのを習慣づけることも大切です。自分で本を読めない時期には、字を読むこと、本を読むことへの憧れがあるものです。

字を覚えたての子どもが、電車に乗っているとき、駅の名前がひらがなで書いてあったり、広告の文字にひらがながあったりすると、たどたどしいながらも嬉しそうに読むのを見かけることがあるでしょう。

まだ字をちゃんと読めない子どもにとって、大好きな親と本を一緒に読んだり、読み聞かせをしてもらったりするのは、とても楽しいことなのです。そうしたことを習慣づけることで、本というものがとても身近な存在になり、読書に対しても肯定的な印象をもつようになるのです。

親がスマホばかり見ていれば、子どももそうなる

スマホやゲーム、ＳＮＳの弊害については、第２章で説明しました。要点をまとめると、つぎのようになります。

〈スマホやＳＮＳの弊害〉
・スマホには依存性がある
・ＳＮＳに舞い込むメッセージが気になったり、自分のメッセージに対する反応が気になったりして、集中力が低下する
・スマホの使用時間が長いほど学業成績が悪い
・スマホを使わなくても、身近にスマホがあるだけで認知能力が低下し、課題遂行能力が低下する
・スマホ依存が学力低下をもたらす

〈ゲームの弊害〉

・ゲームには、神経伝達物質ドーパミンを放出させ脳を興奮させる作用があるため、中毒性が高く、依存症を引き起こしやすい
・２０１８年にＷＨＯがゲーム依存を治療が必要な精神疾患と認定し、ゲーム障害として国際疾病分類に追加した
・ゲームやスマホ使用の時間的制限などのしつけが欠如している家庭の子どもほど、不読率が高い
・小学6年生の４分の３が平日に毎日1時間以上ゲームをしており、５割が毎日２時間以上ゲームをしている
・そのためゲーム依存症の子どもや若者が非常に多い
・ゲームをする時間が長いほど、学力に影響する言語性知能が低い
・長時間ゲームをする子どもの脳は、脳内の各組織の発達に遅れがみられる
・ゲームで長時間遊んだ後の30分〜1時間ほどは、前頭前野が十分働かない状態にあり、その状態で本を読んでも理解力が低下してしまう

大人でも、暇ができればすぐにスマホを取り出していじってしまう、スマホ依存的な人が結構いるはずです。スマホで検索するだけでなく、ＳＮＳでの友だちや知人からのメッセージを常に気にしたり、こちらのメッセージに対する反応を気にしたりする人も少なくないでしょう。

そのため、子育て中の親にもスマホをしょっちゅういじる人もいるでしょうが、スマホやＳＮＳにはこのような深刻な弊害があるということを肝に銘じて、せめて子どもの前ではスマホをいじらないように心がけたいものです。

親が始終スマホをいじり、ＳＮＳでのやりとりに没頭したりしていると、モデリング効果が働いて、子どももスマホに依存するようになる危険性が高くなります。

ゲームの場合も同じです。大人でもゲーム依存的な人をよく見かけますが、ゲームにはこのような深刻な弊害があることをしっかり頭に入れておいて、ゲームを禁じたり時間制限をしたりといった管理を怠らず、子どもの前ではゲームをしないように気をつけましょう。

ゲームの弊害を諭し、あまりやらないように言ったり、ゲーム時間を厳しく制限したりしても、親がゲームに興じている姿を見れば、「ゲームって、やっぱりそんなに面白いんだ」と思い、我慢できなくなってしまいます。そこでもモデリング効果が働き、ゲーム依存的な子どもになる危険性が高くなるのです。

第6章 子どもが本を読みたくなる環境をつくる

高校・大学で本を読まなくなるのはなぜか

2019年の学校読書調査のデータをみると、調査を実施した直前の5月1ヵ月間に読んだ本の冊数は、小学生（4〜6年生、以下同）11・3冊、中学生4・7冊、高校生1・4冊というように、小学生が最も多く、中学生になると半分以下に減り、高校生になるとさらに3分の1以下に減っています。

本をまったく読まない不読率も、小学生6・8％、中学生12・5％、高校生55・3％というように、小学生が最も低く、中学生になるとほぼ倍増し、高校生になると一気に中学生の4倍以上に増えて過半数になっています。

全国大学生活協同組合による学生生活実態調査によれば、2021年の大学生の不読率は50・5％であり、ほぼ半数がまったく本を読んでいないことになります。

読書が知的発達に寄与することは、すでに第4章で説明しましたが、インターネットやゲームなどの影響もあって、子どもたちの読書離れがどんどん進んできました。そうした現象が教育界で深刻に受け止められ、子どもたちが読書をするように促さなければならないと考えられるようになりました。

子どもたちの読書離れがここまで進むと、教育熱心な親に頼るだけではダメだということなのでしょうか、国家ぐるみで子どもたちの読書推進に取り組むことになりました。そこで、２００１年に「子どもの読書活動の推進に関する法律」が公布され、翌２００２年に「子どもの読書活動の推進に関する基本的な計画」が策定されました。

これを機に、学校でも子どもたちの読書を推進するためにさまざまな工夫がなされるようになり、そのお陰で小中学生の読書冊数は増えてきました。

ただし、ここで着目したいのは、本をまったく読まない子の比率が、小学生が６・８％、中学生が12・５％と非常に低く、ほとんどの子が本を読んでいるのに、高校生や大学生になるとほぼ半数がまったく本を読んでいないということです。

なぜ高校生や大学生になると、不読率が一気に高まってしまうのでしょうか。

高校生になると本を読まない子が増えることの理由として、大学受験のための勉強が忙しくなるからではないかと言われたりします。

でも、私はそうは思いません。もちろん、それまでは読書時間が多かった子が、大学受験のために本を読まずに受験勉強をするようになるということがあるのは事実でしょう。しかし、それだけでこうした不読率の急激な増加を説明することはできないと思います。

大学進学率が高くなっているとはいっても、高校生の半分は大学に進学しません。それに、近頃は推薦入試が非常に多く、大学進学者のほぼ半数は受験勉強をしていないのではないでしょうか。そうであれば、高校生の4分の3は受験勉強とは無縁の生活をしていることになります。

一方では、中高一貫教育の流行により、中学進学のための受験勉強に励む小学生もかなりの数にのぼるはずです。

そうしたことを考慮すると、高校生になると読書しない者が急激に増えるのは、受験勉強が忙しくなるからとは言えないでしょう。ましてや大学生になると、半数はまったく本を読まないのを受験勉強のせいにはできません。

そこで私が着目しているのは、高校生や大学生になると親や教師による干渉も少なくなり、自由度が非常に高くなるということです。親や教師のコントロールが利きやすい小学生や中学生は非常によく本を読み、親や教師のコントロールが利きにくい高校生や大学生はあまり本を読まないわけです。このことは結構重要だと思います。

詳しくはつぎの項で説明しますが、小学生や中学生は、「朝の10分間読書」が広まった影響で読書活動が盛んになっていると考えられます。

それに対して、高校生や大学生は、学校によるコントロールが及びにくい生活環境で過ごすことが増えるため、本人の自主性に任されることが多くなります。

そうした状況で読書しなくなる子が多いとすれば、朝の10分間読書によって読書習慣を身につけた子もいるものの、読書習慣を形成するまでに至っていない子も相当いたと考えざるを得ません。自由度が高くなると、本人の自主性が問われるため、個人差が大きくなります。

つまり、子どもの頃から読書習慣が身についている子は、本を読むも読まないも自由といった状況になっても、相変わらずよく本を読むけれども、学校など周囲の圧力で仕方なく読書していた子は、自由になることで本を読まなくなる、というわけです。

ここで改めて浮上するのは、子ども時代に読書習慣をつけておくことの大切さです。

学校での「朝の10分間読書」はよく考えられた仕組み

子育て中の人たちの中には、学校で朝の10分間読書が行われているのを知っている人もいるかと思います。

朝の10分間読書というのは、子どもたちに読書習慣をつけるために、授業の前に10分だけでいいからクラスみんなで各自が好きな本を読む時間をもとうというものです。毎日行うのが望ましいとされていますが、週に1回とか2回という学校もあるようです。

この試みは、１９８８年に千葉県の２人の高校教員によって始められました。朝の読書推進協議会によれば、朝の読書には４つの原則があるそうです。

わが子に読書習慣をつけさせるためのヒントが見つかるかもしれないので、それを紹介しましょう。

第1の原則は、「みんなでやる」ということです。

クラス全員が揃《そろ》って10分だけ本を読むということなら、だれもが参加しやすいということがあるのでしょう。心理学用語に「社会的促進」というものがあります。周りのみんながやっていると、その影響でその行動が促進されるというものです。

試験勉強をしなければと思っても、集中力が続かず、すぐに飽きてスマホをいじったり、冷蔵庫を覗いたり、机を離れてしまうという子が、図書館に行くとみんなが机に向かっているから勉強に集中できるというのも、社会的促進の効果と言えます。

第2の原則は、「毎日やる」ということです。

読書を習慣化するには、毎日継続することが大事だということなのでしょう。10分間という非常に短い時間にしているのも、これなら毎日でもできそうと思えて、プレッシャーにならないのでしょう。

最近の子どもたちの忍耐力の欠如について、多くの幼稚園教諭や小学校教員が懸念していることは、私の調査でも明らかですが、大学教員の間でも、もうずいぶん前から学生たちの授業中の集中力の欠如が指摘されてきました。

そうした状況の中で朝の読書を継続させるには、集中力が持続しそうな10分間という短い時間が限度といった配慮によるものと思われます。

第3の原則は、「好きな本でよい」ということです。

読書好きな子や本を読むことに慣れている子なら、教員から「この本を読んだらどうか」「これらの中から選んで読んでみなさい」などと言われ、教育的な観点からその年頃の子が読むとよいと考えられる本を薦められても、とくに抵抗なく読むことができると思います。

でも、ほとんど本を読んだことのない子の場合は、教育的に望ましい本を読むように言われても、なかなか読む気になれないでしょう。そのような子に読書するきっかけを与えるには、本人の好奇心を刺激する必要があります。

ゆえに、まずは読書への入り口づくりとして、どんなジャンルのものでもいいから好きな本を読めばよいということにしたのでしょう。読書に慣れてくれば、そのうちいわゆる「ためになる本」というものも読めるようになっていくことが期待できます。

第4の原則は、「ただ読むだけ」ということです。

これは、子どもたちが読書嫌いになるきっかけとして、学校から課題図書を読んで感想文を書くように言われるということがあるのではないか、ゆえに感想文など要求しなければ読書への抵抗感をなくすことができるのではないか、といった発想によるもののようです。

たしかに感想文も含めて、作文が苦手という子が少なくないように思われます。まだ本を読むことにも習熟していない子が、文章を書くようにと言われても、戸惑うばかりでしょう。

文章を書くためには、それに先だって、文章を読む経験を十分積んで、語彙や文章表現の手法を自分の中に蓄積しておく必要があります。それがあれば、言いたいことを文章にする際に必要な語彙や表現方法を自分の中から取り出すことができますが、蓄積がなければ、取り出せるものがありません。そんな状態で文章を書くように言われれば、苦手意識が強まるばかりです。

ゆえに、読書や作文の入門段階では、まずはひたすら読むことが大切となります。

このように考えると、朝の10分間読書は、読書習慣のない子に対する読書入門のきっかけづくりとしては、非常によく考えられた仕組みと言えます。

こうした仕組みで行われる朝の10分間読書は、全国の小学校・中学校・高校へと広がりをみせており、今では全国の小学校や中学校の８割以上で行われているようです。

２０２０年のデータをみると、小学校の80％にあたる１万５９５６校、中学校の82％

にあたる８３９７校、高校の45%にあたる２１８７校で行われています。

朝の読書は「人格形成に大いに役立つ」

朝の読書に対しては、著名な文芸評論家や心理学者からも賞賛の声が上がっています。わが子に本を読むようになってほしいと思う人の中にも、本を読むことがどのように子どもにとって好ましいのか、その理由が自分の中で今イチ明確になっていないという人も結構いるのではないでしょうか。

それでは、子どもが読書をするような環境づくりをしなければと思いはしても、なかなか本気になれないと思います。そこで、朝の読書に対する著名人の賞賛の声の中から、説得力のある箇所を紹介したいと思います。

夏目漱石論や小林秀雄論で知られる文芸評論家の江藤淳《えとうじゅん》は、「授業が始まる前の十分間の静寂、好きな本を持ってきて読みなさい。漫画と雑誌はだめ。何と素晴らしいことをやっておられるのかと感心しました。」（「青春の読書―『朝の読書』がもたらしたもの」対談者　江藤淳・林公　朝日新聞広告特集　１９９６年11月４日付　以下同）と言います。

さらに、読書の時間は、静寂の中で自分との対話ができるという意味で、とても大事なのに、今の子どもや若者はそうした時間をもちにくいとして、つぎのように述べています。

「読んでいる時は黙読ですから当然、静かになる。これが大事なことです。読むという行為は一体何だろうと考えると、小説の場合だったら物語を追いながら自分との対話をしていることになります。この内的な経験、自分とのコミュニケーションというものは今の子供には……。大学生も含めて、若い人にはないのかもしれない。」

「つまり静寂がないからです。あらゆる空間に携帯電話やインターネットが侵入して来る。冗談ではない。こんなことをしていたら人間はメチャクチャになってしまうと思うのです。」

今の若者の多くは、読書を情報を得るための手段とみなしているように思われます。

本をよく読む方の学生と話しても、読んでいる本のほとんどがビジネス書などの実用書で、文学や評論を読んでいる学生はほとんど見かけません。映画化されたライトノベルを読む学生はいますが、あくまでも映画をより楽しむためといった感じです。

どうしたらコミュニケーション力を高められるか、プレゼンテーションのコツは何か、マーケティングの手法にはどんなものがあるか、どうしたら自分を有能に見せることができるか、仕事ができる人はどんな話し方をするのかなど、表面上のテクニックを伝授する実用書が大流行りで、自分の内面を振り返ったり耕したりするきっかけになる本を読んでいる様子はありません。書店に行っても、その手の実用書ばかりが目立ちます。

これでは、本に書かれていることを刺激にして、自分自身を振り返りながら、じっくり味わうということにはなりにくいでしょう。

さらに江藤は、本の中では実生活では体験できない、さまざまな人生を味わえるという利点を強調しています。

「十冊読めば十の人生、百冊読めば百の人生が体験できる。それを十三、十四、十五の時に百の人生を味わえることができたら、この人の十六歳以後の人生はどんなに豊かになるでしょうか。」

現実に会える人には、限りがあります。でも、第1章でも指摘したように、本を通せば現実には会えないような人たち、まったく別世界の人たちの生き方や考え方に触れることができるのです。

小説を読めば、その登場人物たちの生きている世界に、自分もいるような気分になれます。現実にはあり得ないような冒険ができたり、理想の親友ができたり、心ときめく恋愛ができたりします。

評論を読めば、著者の視点からすると物事がこんなふうに見えるんだとわかったり、こういう考え方は面白いと感心したりして、新たな発見があり、視野が広がるだけでなく、教養が豊かになっていきます。

江藤は、夏目漱石や森鷗外といった文豪の本が読めたときに誇りを感じるということについても、つぎのように言います。

「読んでみたら自分も読めた。難しい漢字も覚えた。それでいろんなことを考えた、ということで、これは大きな自覚になりますね。」

読書に馴染んでくれれば、読みやすい本を読むだけでなく、ちょっと難しいかもしれないけれど、名作と言われる作品に挑戦してみようかなと思うこともあるでしょう。途中で挫折することもあるかもしれませんが、ある程度読むことができれば、少し誇らしい気分になるでしょう。そうした経験も、貴重な心の財産になります。

ユング心理学の第一人者の河合隼雄も、朝の読書を推奨する文章を書いています。その中で、読書は大切だとは思うけれども時間がないという人に対して、「十分間でも大いに意味がある」とはっきりとわからせることになったことが、じつに素晴らしいと言います。そして、つぎのように述べています。

「わずか十分間の読書によって、子どもたちは自ら考え、自ら感じ、そして自分の読書時間をさらに増やしてゆくのである。

子ども自らが読む本を選べるのもいい。十分間という枠だけ与え、そのなかで子どもは自由や自主性を体験するのである。」（河合隼雄「『朝の読書』のすすめ」トーハン選書のｅ－ｈｏｎホームページ　以下同）

「切り売りの知識や、外から押しつけられたものはすぐ消え去ってしまう。しかし、自らの力で獲得したものは長く残り、その人の人格形成に大いに役立つのである。この運動のさらなる発展に期待している。」

このような著名人による推奨の声ばかりでなく、実際の教育現場でみられた変化についても知ることで、読書の効果を心に刻むことができると思うので、つぎにそうした知見を紹介しましょう。

読書は子どもに自信を与える

朝の読書の生みの親の一人である林公氏は、朝の読書を始めてから、生徒にはつぎのような変化がみられたと言います。

「生徒たちは本を探しに今まで行ったこともない図書館へ行くようになり、書店へ行く回数も増えたようです。一番驚いたのは遅刻者が激減したことですが、これほど熱心に本を読むようになった背景には、『感想や記録は一切求めない』という自由さもあると思います。」（「青春の読書―『朝の読書』がもたらしたもの」対談者　江藤淳・林公　朝日新聞広告特集　1996年11月4日付　以下同）

その生徒たちが卒業する前に、朝の読書についてどう思うかを書いてもらったところ、朝の読書によって自分が変わったという声が多かったと言います。たとえば「三年前には漫画ばかり読んでいた自分が、今、こんな厚い文学作品を読んでいるなんて信じられない。自分に誇りが持てるようになった」という生徒もいたそうです。

また、保護者面接の場で、「ウチの子が家で本を読むようになった。今まで考えられない」「うれしい」と泣きながら口にする母親もいたと言います。

朝の読書のもうひとりの生みの親である大塚笑子氏は、朝の読書を始めたとき、受け持ちの高校のクラスにはふだんから本を読んでいる生徒はほとんどいなかったため、まず読み聞かせから始めてみると、心から楽しそうに聞いており、好きな本を自由に読ませるようにしてからは、しだいに食い入るように読むようになっていったと言います。

さらに、朝の読書の効果について、つぎのように言います。

「見ていると、悩みや雑念でいっぱいだった頭がわずか10分でスッと切り替わり、落ち着いた心で1時間目の授業にのぞんでいるのがわかります。」（教育者てい談「子どもの心を育み癒やす『朝の読書』」朝日新聞広告特集　２００２年10月29日付　以下同）

「また、あまり勉強をしないタイプの子たちが本の面白さに目覚めると、それまでガリ勉と呼んで相手にしなかった子に『面白い本、教えて』と話しかけるようになることもあります。（中略）勉強もスポーツも得意ではない子が、教師から『すごい本を読んでるわね』と声をかけられ、それだけで自信を取り戻すこともあります。」

朝の読書の生みの親である二人が報告する、このような生徒の反応をみると、読書には自分と向き合う時間がもてるといった効用があることがわかるだけでなく、子どもたち自身も読書がためになることを知っており、読書をあまりしていない子は、そんな自分を情けなく思っていることがわかります。

だからこそ、最初のうちはただ読みやすい本を読んでいても、そのうちしっかりとした本を読めるようになると、そんな自分を誇らしく思い、自信がもてるようになるのでしょう。

朝の読書が学力に及ぼす影響に関しては、２００７年の全国学力・学習状況調査の分析を用いた山崎博敏たちによる研究成果があります。それによれば、朝の読書をよく実施している学校の児童・生徒は、実施していない学校の児童・生徒に比べて、授業が好きで、学習意欲が高く、教師と児童の間に良好な人間関係ができており、国語・算数（小学校）・数学（中学）のテストの合計点からみた学力が相対的に高くなっていました（佐川二亮「引き継がれる『本を読む』重み」『小五教育技術』より）。

読書することで語彙力や読解力が高まることを実証するいくつかの調査研究について第4章で紹介しましたが、朝の読書が実際に教科試験の成績向上につながることも明らかなようです。

ここまでは朝の読書についてみてきましたが、朝に限らず、読書をするきっかけを与えることはとても大切です。

子どもや若者の読書離れは、もうずいぶん前から進行しており、私自身、心理学の授業の最初の時間に、学生たちが通学や遊びに行く際に乗降しそうな主要駅周辺にある主な書店を案内していました。というのも、当然知っているだろうと思っていた全国規模の複数の大型書店や地元に根を張る書店の場所を知らないどころか、それらの書店名の読み方さえ知らない学生も少なくないことがわかったからです。

学生時代、お気に入りの書店に行って時間を潰すのが趣味で、何階のどのジャンルの棚の何段目にはどんな本があるかほとんど頭に入っており、新しく入荷した本があるとすぐにわかるほど毎日通い、大学構内で私が見つからないときはその書店に行けば見つかると言われていた私としては、大きな衝撃でした。

そして、何とか本を読むきっかけをつくりたいと思い、授業内容にも学生の心理状況にも関連すると思われる本をいくつも紹介し、その中から気になる本を読んでレポートをまとめる課題を出したりしていました。また、放課後に希望者を集めて、青年期の人格形成に影響する可能性がある本を毎週1冊読み、思うことを語り合う読書会を開いたりしていました。

家庭が変わらないと、子どもも変わらない

さて、学校で子どもたちに読書習慣をつけさせようというさまざまな試みが行われていることがわかったと思います。それなら、わが子も放っておいても本を読むようになるだろうというのは、あまりに楽観的すぎます。

前項で紹介したように、学校で行われる朝の読書のお陰で本を読むようになる子がいるのも事実ですが、そこにはいろんな要因が働くため、必ずしもみんなが本を読むようになるわけではありません。そのことは、朝の読書が盛んに行われていても、結局は本を読むようにならない子が非常に多いことでもわかるはずです。

さらには、小中学校の8割で朝の読書が行われているせいか、小中学生で本をまったく読まないという子は非常に少ないのに、高校生や大学生の半数が本をまったく読みません。

ここから言えるのは、学校による読書推進の試みによって、ほぼ強制的に読書習慣を身につけさせられても、学校外で本を読む習慣がない場合、学校の強制力が働かなくなると、早速本を読まなくなってしまうということです。

そこで問われるのが、家庭でも読書を促すような環境づくりができているかどうかです。

かつてアメリカで、貧困階層の子どもたちが、小学校に入学する時点ですでに知的発達の遅れを示すのは、その貧困な文化的環境のせいだとして、就学前教育が始まりました。それによって、入学時に同じ学力レベルで教育を始められるようにしようというもので、ヘッドスタート計画と呼ばれました。

就学前教育によって貧困階層の子どもたちの学力は向上し、小学校入学時の知的発達の遅れは目立たなくなりました。

ところが、入学後、これまでと同じように、貧困階層の子どもたちの知的発達の遅れが目立つようになりました。

その理由として、貧困階層の子どもたちの居住区や家庭では、無力感がはびこっており、どうせ勉強などしても意味はないといった雰囲気が蔓延していることが着目されました。

そこで、子どもたちが日常生活を送る地域や家庭に介入することの重要性が認識され、テレビを通して教育的刺激を流すことも含めて、さまざまな工夫が行われるようになりました。

話は変わりますが、児童・生徒の不適応の問題が深刻化した日本では、1990年代にスクールカウンセラーが学校に配置され始めたのに、不登校をはじめとする子どもたちの心の問題はまったく改善される気配がないため、いくら学校で対応しても、それだけでは子どもたちの問題は解決しないということになりました。

そこで、家庭での対応に対処する必要性が浮上し、家庭教育カウンセラー支援制度が打ち出され、家庭教育カウンセラーが全国の自治体に配置されたのです。

私もその役割を担うことになり、幼稚園や小中学校の子どもたちの保護者の相談に乗ったり、保護者向けのセミナーを開いたり、保護者が集まってそれぞれの気になることを気軽に話せる場を設定したりしました。

読書の場合も、学校に期待するだけでなく、家庭でも子どもの読書習慣の形成を促進するような環境づくりを心がけたいものです。そうは言っても、学校で行われている朝の読書を家庭で取り入れるというのは、ほとんど不可能でしょう。親も子どもも、朝からそんな余裕はないはずです。

そこで参考になるのが、家での読書を促進する「家読《うちどく》」という試みです。

「家読」という読書推進活動

学校での朝の読書に対して、家庭でも読書を推進しようという運動もあり、その代表として、ここでは家読を取り上げます。家読や子ども司書制度（つぎの項で紹介）に関しては、家読運動を立ち上げた、家読推進プロジェクト代表の佐川二亮氏から直接伺った話や、頂戴した資料をもとに紹介したいと思います。

佐川氏は、朝の読書運動に携わりながら、子どもたちに読書習慣を身につけさせるには、学校だけでなく、生活の基本である家庭での読書環境づくりが大事なのではと気づき、家読運動を立ち上げたそうです。

いわば朝の読書の家庭版として2006年に提唱されたのが家読です。メディア漬けになった子どもたちの心が不安定になったり、家族との会話が少なくなったりという現代の社会問題に対して、読書という方法でアプローチできないかということで、子どもを中心に家族で同じ本を読み、読んだ本についての感想を話し合うというやり方を考案しました。

家読の基本的な約束事として、つぎの5つがあります。

①家族で同じ本を読もう
②読んだ本で話そう
③感想ノートをつくろう
④自分のペースで読もう

⑤家庭文庫をつくろう

家族みんなで同じ本を読んで、それについて思うことを話し合うということをしていれば、読書の促進だけでなく、家族のコミュニケーションの促進にも役立つのは間違いないでしょう。

こうして始まった家読運動は、２０２２年現在、約５００の自治体で取り組まれており、本の貸出冊数が増える効果があった、テレビ、ゲーム、スマホから離れる効果がみられたといった報告もあります。

たとえば、福岡県の柳川市では、２０１７年から市内の全19の小学校と市立図書館で一斉に家読の促進を始めたそうです。三重県の松阪市でも、市内すべての小中学校が家読を啓発する運動に取り組んでいるそうです。

家読のやり方やそのメリットを説明しても、いきなり多くの家庭でそれが行われるとも思えないので、家読に賛同する自治体が音頭を取って、管轄内の小学校や町の図書館が子どもや保護者に広めようということなのでしょう。

「家読」は小学生の発想に基づいている

この家読運動で面白いのは、大人たちが勝手に制度をつくってしまうのではなく、子どもたちの意見やアイデアを取り込んで、実際のやり方を決めていったことです。

家読の方法を模索するにあたって、茨城県大子町の小学校の子どもたちの読書量が多いことから、大子町立だいご小学校の6年生6人が校長の推薦で選ばれ、その6人でどのような仕組みにしたらよいかを話し合う「子ども会議」が開かれました。

そこでは、さすがに読書好きの子どもたちが集まっただけあって、「最近の大人たちは本を読まないね」「読書の楽しさを知らないんじゃない？」「携帯電話ばかり触っているから、本を読む時間がないんだよ」などと、大人が本をあまり読まないことが話題になったりしたそうです。

そして、そんな大人も巻き込む家読のやり方を話し合う中で、「家族みんなで同じ本を読めば感想を話したりできる」「みんなで家読をやっていて、お父さん一人だけ参加していないと気になるはずだよね」などといった意見が出て、前項で紹介した家読の5

つの約束事を決めることになりました。

この話を聞いたとき、家で読書習慣をつけるべき子どもという当事者から、どうしたらよいかについてのアイデアを出してもらったということに驚くとともに、感心しました。

上から「こうするように」と押しつけるのではなく、「友だちの家ではこんなふうにしている」というように横から情報が流れてくるのであれば、子どもたちの抵抗は少ないのではないかと思われます。

ただし、これが標準的なことなのかと思うと、わが子の様子をみながら落胆するといったことにもなりかねません。私は、このような読書好きの小学生は非常に希《まれ》だと思います。

もし、このような小学生が多いとしたら、読書推進など考える必要はないでしょう。私自身、青年期から成人前期あたりはかなり読書をした方ですが、小学生のときはそんなに読んでいませんでしたし、この6人のような意見は出せなかったと思います。

子どもたちに読書離れがみられるとはいっても、このような読書好きの子どもたちがいるのも確かで、そうした子どもたちにさらなる自覚を促し、子どもたちの読書活動のリーダーにしようとの試みもあります。それが「子ども司書制度」です。

これは２００９年に始まった制度で、読書について本格的に学びたいという小学校高学年から中学生に、大人の司書と同レベルの知識を身につけられるように5～15講座を学んでもらうというものです。

そのための子ども司書養成講座は、２０２２年現在、３００近い公立図書館や教育委員会が開講し、修了者には図書館長や教育長から子ども司書認定証が授与されます。

子ども司書に認定された子どもたちは、学校の図書館や町の図書館、幼稚園・保育園や老人ホームなどで読み聞かせなどの活動をしたり、町の図書館ではカウンターで貸出・返却業務、配架やイベント図書の展示など、まさに司書としての仕事をすることもあるようです。

こうした活動をすることは、相当な自信になり、ますます読書に拍車がかかるはずです。学校でも、同級生や下級生にどんな本を読んだらいいかなど、読書についてのアドバイザー役を担うことができるでしょう。

ここまでする子どもは、元々かなりの読書好きと思われますが、このような同級生や上級生が身近にいることで、図書館を身近に感じ、行ってみようと思う子どもたちも出てくることが期待されます。

どうすれば親子で本に親しめるのか

家読の仕組みを知り、「そんなことをしている家庭があるんだ」と感心し、「それは読書習慣がつきそうだな」と思っても、「実際にそれをウチでやるのは難しいな、って言うより、無理だな」と感じる親も子も少なくないと思います。

親としてその仕組みに感心しても、現実には毎日仕事に追われ、残業もあり、帰宅するとぐったり疲れている中、食事の準備などの家事に追われたり、持ち帰りの仕事や翌日の準備を片づけなければならなかったりすると、いつやればよいのかという問題もあります。

子どもも、学校から帰って遊びに出て、戻ると夕食、そして宿題をしてお風呂に入ると、もう寝る時間。塾に行くようになれば、塾から戻った後に夕食を取り、宿題をしてお風呂に入ると、もう寝る時間。

家族が集まって話し合う時間をどうやってつくるか、決めた本を読んでおく時間が取れるか、といったことを考えると、面倒くさくなったり、無理だと諦めたりといったことになりがちです。

元々本を読む習慣がなかった親の場合、そんな立派な感想を言えるわけないしなどと、感想を話し合うというところに抵抗感があったりするかもしれません。

また、日本の家族の場合、改めて家族で向き合って話し合うといった雰囲気になりにくいところがあります。

今のようにそれぞれが個室にこもってパソコンやスマホに没頭したりすることなく、お茶の間の一家団らんが日常的にあり、家族のコミュニケーションの欠如など言われなかった時代でも、一緒にテレビをみながら、ぼんやりとした頭で思い浮かぶ他愛ないことをつぶやき合ったり、一緒に笑ったり、みかんやお煎餅などを食べながら、その日あったことを何気なくしゃべったりしていたわけで、改めて向き合って話し合うという雰囲気ではありませんでした。

言葉を超えたところで心の触れ合いを感じるというのが、日本的なコミュニケーションの特徴とも言えます。自分の思いを、改めて口にするのも気恥ずかしいといった感受性もあると思います。

そうであれば、自分の家庭では家読は無理だと思うだけでなく、別のやり方で親子共々本に親しむことはできないかと、わが家なりの方法を模索してみたらどうでしょう。

読み聞かせをしながら、自ら本に親しむ習慣をつける

子どものことを言う前に、自分自身も読書などほとんどしてこなかったし、どちらかというと本を読めない人の部類に属するという場合は、子どもがまだ小さく、ひとり読みができない年頃であれば、子どもに絵本や児童書を読み聞かせることで、自分自身の読書習慣づくりをしていくという手があります。

絵本も児童書も、表現の仕方が小さい子向けではあっても、内容的にはとても味わい深いものです。いろんな絵本や児童書を子どもに読み聞かせながら内容を味わうことで、本を読む楽しさを感じることができるでしょう。

読み聞かせというのは、まさに親子共々、本の世界に入り込んで本を読むことのワクワク感を楽しむのに最適な方法と言えます。改めてその楽しさや感動を言葉にして共有することがなくても、雰囲気を共有するだけで、親子のコミュニケーションとしては十分だと言うことができます。

また、今度はどんな本を読み聞かせてあげようかといった思いで、図書館や書店でいろんな本をパラパラめくりながら選定するのは、親自身にとっても本に親しむ絶好の機会になります。

本は仕事のためによく読んではきたけれども、ビジネス書などの実用書ばかりで、とくに仕事に役立ちそうにないものには興味がないという人もいるでしょう。

そのような人にとっては、子どもに読み聞かせるために物語の世界に触れるのも、自分の知的関心の幅を広げることになったり、感受性を豊かにするための刺激になったりして、とても有益なものになると思います。

これまで本に縁のなかった人も、いろんな本にめぐり合い、心の中に本の目録のようなものができてくると、本の世界がとても身近なものに感じられてくるはずです。

それこそが非常に重要なことと言えます。

幼い子どもにとって、親は自分を取り巻く絶対的な世界です。その親が本に無関心であれば、子どもも本に見向きもしないでしょうが、親が本に親しんでいるのを肌で感じることができれば、子どもにとっても本がとても身近なものになるのです。

本を読む姿を、どれだけ子どもに見せられるか

読書がためになるというのは、子どもだけでなく、大人にも当てはまります。子どものための読み聞かせの場合は、当然ながら読む本は子ども向けのものに限られますが、親自身が自分のために読む場合は、どんな本でも構いません。

仕事力を高めたいと思い、仕事に直接役立つ本を読むという人もいるでしょうが、仕事に直接関係ない本でも、言語能力が鍛えられ、思考力や想像力が高まるといった仕事面での効用が期待できます。

べつに仕事力を高める必要はないという人も、読書という趣味が加わることで、心の世界が広がり、豊かな気持ちになれるといった効用が期待できます。

これまで読書習慣がなく、仕事上の関心や社会的関心からインターネットの情報をよく読んでいたという人は、すべての情報をネットで仕入れるのでなく、関心のある領域の本を読むようにすることで、読書習慣をつけることができます。

その場合、いきなり分厚い本や難解な本を選ぶのはやめて、最初のうちはできるだけ手軽に読めそうな本を選ぶようにしましょう。

趣味に関する情報をいつもインターネットで仕入れてきたという人は、読書習慣の入り口づくりとして、その趣味の領域の本を選んで読むのもよいでしょう。

そして、本を読むのであれば、子どもにとって好ましい読書環境づくりという観点から、モデリングを意識して、親自身が本を読んでいる姿をできるだけわが子に見せるようにしましょう。

家族で同じ本を読んで感想を話し合うなんて無理だと思う人でも、必要に迫られて本を読むときや趣味で本を読むときに、自分が本を読む姿を子どもに見せるくらいなら、簡単にできるはずです。

子どもは、何かと親の真似をしたがるものです。親が日常的に本を読んでいる姿を見ていれば、子どもはおのずと本に興味をもつようになります。

本のある生活環境づくりという点からも、親自身が読んだ本やこれから読もうと思う本、この先暇ができたら読みたいと思う本などを、子どもの目につく本棚に並べておくのもよいでしょう。

もちろん、子どもに読んでほしい本や、子どもが興味をもちそうな本を子ども用の本棚に並べてあげることも大切です。

絵本や児童書を身近なものに

絵本を子どもたちにとって身近なものにするための工夫は、多くの幼稚園や保育園でなされていると思います。ここでは、福島県平田村立ひらたこども園の事例を紹介しましょう。

ひらたこども園は、2020年に開園したばかりの新しい施設ですが、3〜5歳児の幼児部と0〜2歳児の保育部があります。

幼児部には「えほんのもり」と名づけられた読書スペースが設けられ、そこには床から天井まで絵本を展示した棚があり、絵本美術館のような雰囲気が醸し出されています。展示用の本は別にしても、約1200冊もの絵本と約400冊もの紙芝居が所蔵され、貸し出しもしているので、家で幼児が絵本を見て楽しむこともでき、親が絵本を読み聞かせたり紙芝居を演じたりすることもできます。

そこでは読み聞かせボランティアによる読み聞かせ会も開催され、幼児だけでなく家族も一緒に絵本を広げて楽しめるようになっています。

保育部にも、「ぽけっと」と名づけられた読書スペースがあり、約200冊の絵本が低めの本棚に並んでいます。そこでは、まだ絵本を読むことができない乳幼児が、保育者や家族と一緒に絵本を楽しめるようになっています。そして、保育者による読み聞かせも行われています。

他にも読書活動に注力している幼稚園や保育園は少なくないと思います。そうした事例を参考にして、自宅で子どもの読書を促す空間づくりや時間づくりができれば効果的でしょう。

たとえば、小さくてもよいので、子どもの絵本を並べる本棚を置いて、楽しそうな絵本を揃え、ときどき読み聞かせの時間を設けて、絵本を親子で一緒に楽しむ、というように。

もう少し子どもが大きくなったら、その本棚に児童書や図鑑を並べることができます。子どもの興味に応じて面白そうなものを揃えたり、教育的配慮から読んでほしいと思うものを揃えたりするのもよいでしょう。

個人差が大きいですが、一般的には、小学生になったからといって、いきなりひとり読みができるわけでもなく、ひとり読みの練習の時期が続くので、親子で一緒に読んでみる機会をもつのもよいでしょう。

私は、小さい頃はそんなに本を読んだ方ではなかったと思いますが、小学校低学年の頃、紙芝居に凝った時期があり、下手ながら画用紙にクレヨンで絵をかいて、1枚ずつずらして裏面に読み上げるための短い文章を書き、いくつもの紙芝居をつくっていました。

友だちとは忍者ごっこをしたりして暴れ回るばかりで、紙芝居を演じて見せるような雰囲気ではなかったため、ひとり芝居をしたり、たまに親に観客になってもらったりしていました。

とても懐かしい思い出ですが、本を読むだけでなく、それに触発されてお話を自分で考えるのも、想像力の鍛錬になっていたように思います。親が簡単な紙芝居をつくってくれたのがきっかけだったように思いますが、そうした試みも、読書環境づくりの一種と言ってよいでしょう。

図書館や書店に一緒に行く機会をもつ

絵本がそこまでたくさん揃っている幼稚園や保育園は少ないでしょうし、小学校の図書室には本が揃っていても、低学年のうちは自分で行って選ぶのも難しいでしょう。そうかといって、自宅だとそんなにいろんな絵本や児童書を揃えることは容易ではないはずです。

そこで便利なのが、町の図書館です。図書館にはたくさんの絵本や児童書が揃っています。親子で一緒に図書館に行き、親がいろんな絵本や児童書を取り出すと、子どもはパラパラめくりながら興味を示したり、放り出したりします。

子どもが興味をもったものがあれば、一緒にページをめくりながら読んであげたり、絵を指さしながら「このワンちゃん、楽しそうだね」「こんな電車に乗ったら楽しいだろうね」などとアドリブで言ってみたり、「この子、何をしてるのかな？」「この小鳥さんたち、どこに行くんだろうね？」などと質問してみたりしながら、絵本を楽しみましょう。

読書好きにさせようと気負うことなく、絵本や児童書を一緒に楽しもうという感じで、本を媒介にして楽しいやりとりをすればよいのではないでしょうか。本を通して楽しい時間がもてれば、子どもは本に対して肯定的な印象をもつようになるはずです。

子どもというのは、まだそんなに集中力がないので、とても気が散りやすいものです。一緒に本棚に並んだ本を見て回り、「これ読んで！　これがいい！」と言って自分で引っ張り出したのに、すぐに飽きてしまい、立ち上がってウロウロして、また別の本を引っ張り出してきて、「これ読んで！」と言ったりします。

まずは本を身近に感じさせるのが目的なので、うるさいことは言わずに、好きなように本の海を漂わせてあげましょう。そのうち子どもがワクワクするような本に出合えば幸運だし、そうでなくても、本がたくさんある空間で楽しい気分を味わってもらうことが大事です。

子どもの多い休日などに、読み聞かせをしてくれる図書館もあります。親とは違う人の読み聞かせを聞くのも、子どもにとって刺激的な体験になります。他の子たちもいる場で読み聞かせを聞くのも、良い刺激になるでしょう。

本がたくさんある空間と言えば、図書館の他に書店があります。図書館と違って勝手に本を取り出して親子で楽しんだり、気軽に持ち帰ったりできませんが、子どもにしてみれば、とくに気に入り、どうしてもほしい本を買ってもらい、自分がいつももっていられるというのは、とても魅力的なことです。

書店に行けばいつも買ってもらえるというわけではなくても、親と一緒に書店に行き、一緒に書棚から本を引っ張り出してみたり、親が自分の本を探している間に子ども用の本のコーナーでいろんな本を見て回ったりするうちに、書店がとても身近な場所になっていきます。

押しつけがましい感じにならないように、子どもを図書館や書店に馴染ませることばかり意識しないで、親自身が図書館や書店を楽しむという気持ちをもつことが大切です。見せかけではなく、親が本のある場所を心から楽しむことで、そこが子どもにとっても心地よい場所になっていくのです。

第7章　読書の効果を最大限に引き出すコツ

子どもを本好きにするにあたり、子育て中の親御さんからさまざまな質問を受けることがあります。この章では多くの人に役立つと思える質問と、それに対する回答を厳選して、紹介したいと思います。

家に本をたくさん置くだけでいい？

自分たちは本をほとんど読まないから、家には本はあまりなかったのだけれど、子どもが小学校に入る頃に、本を読まないと勉強についていけなくなるから、家に本がたくさんあった方がいいと聞いて、慌てて本棚を買い、子ども向けの本をたくさん購入して、そこに並べたのに、その後も子どもが本を読んでいる気配がないし、勉強の成績も悪くて困っている。そんなふうにこぼす人がいました。

　わが子に本を読むようになってほしい、それで勉強についていけるようになってほしいというこの親御さんの方針は、どこか間違っているでしょうか。

　まず、家にたくさん本があった方がいいという知人からのアドバイスですが、これは科学的な裏づけもある、正しい知見です。

すでに解説したように、家庭の蔵書数が子どもの学力に関係しているという小学6年生と中学生のデータがあります。それをみると、蔵書数が多ければ多いほど、子どもの学力が高くなっています。

ちなみに2021年に実施された全国学力・学習状況調査のデータを改めて紹介すると、小学6年生の家庭の蔵書数は、0〜10冊11・0%、11〜25冊18・8%、26〜100冊33・6%、101〜200冊19・3%、201〜500冊12・2%、501冊以上5・0%となっています。

さて、家の本棚に本をたくさん並べたのに、子どもが本を読む気配がないということについてですが、そこはちょっと問題かもしれませんね。なぜかと言うと、蔵書数が多い家の子どもほど、よく本を読み、学力も高いという場合、蔵書数の多さというのは、親がよく本を読んでいることのあらわれでもあるからです。

つまり、家に本がたくさんあり、親が本を読む姿をよく見ているから、子どもも「本って面白いのかな」「僕も読んでみようかな」と思うわけです。

それに加えて、蔵書が多く、よく本を読んでいる親は、「知りたい」という気持ち、いわゆる知的好奇心が強いから、関心のある分野の本を読もうとするのでしょう。そんな知的好奇心の強い親の姿勢が子どもに伝わり、子どもも知的好奇心が強く、気になる本を読むようになっていくと考えられます。

ここから言えるのは、ただ本を揃えればよいというのではなく、親自身が知的好奇心をもって本を読むようにすることが大切だということです。

自分に知的好奇心が乏しいのに、子どもにだけ知的好奇心を強くもってほしいというのは虫が良すぎるでしょう。親としても、ちょっと頑張ってみたいですね。

本を読むようにしつこく言わないほうがよい？

本を読むようにと常々言い聞かせているのだけれど、ウチの子はなぜか本を読もうとしない、あまりしつこく言わない方がよいのだろうか、でも言わないと読まないだろうし、などとこぼす人がいます。

そんなときは、自分が子どもだった頃のことを思い出してみましょう。だれもが子どもの頃に親から口うるさいことを言われて反発した経験があるのではないでしょうか。

たとえば、学校から帰って、ランドセルを放り出して友だちと遊びに行き、帰宅後に夕食を食べ、しばらくテレビをみながら、「そろそろテレビみるのをやめて宿題やらないとなあ」と思っているところに、母親から「いつまでテレビみてるの！　宿題やらないとダメでしょ！」と言われると、「今やろうと思ってたのに……。もうやる気なくなった」とつい反発してしまう。そんな経験がある人も少なくないのではないでしょうか。

人は、だれでも「自律欲求」というものをもっています。自分で自分を動かしたいという欲求です。いわば、自分を操縦するコントローラーは自分で握っていたい、人に操縦されたくないのです。

だから、自分でも内心「そろそろ宿題をやらないとまずい」と思っていても、人から「そろそろ宿題やらないとダメでしょ」などと言われると、急にやる気がなくなってしまう。あくまでも自分は自分で動かしたいのです。

読書についても同じです。「本を読みなさい」「本を読むとためになるから」としつこく言うと、せっかく子どもが本に興味をもち始めていても、その興味の芽を摘んでしまいかねません。

それに、あまりしつこく本を読むようにと言えば、「本って、そんなにつまらないものなのか？　勉強と同じようなもの？」と感じさせてしまうかもしれません。本が楽しいものなら、そんなにしつこく言うはずがないと思うのが自然でしょう。

ここまでくれば、もうおわかりのように、あまりしつこく言うのは逆効果にしかなりません。本を読むようにしつこく言うよりも、親自身が本を楽しむ姿を見せてあげましょう。そして、子どもがまだ小さければ、読み聞かせをしたり、絵本をみながらやり取りしたりして、親子で本を楽しむ時間をもつ方がずっといいのです。

読書で経済力のハンディを克服できる？

経済力のある家庭の子どもほど学力が高く、就職に有利な学歴を得やすいと言われます。ただし、読書をすることでそうした格差社会を乗り越えることもできると言われたりもしますが、それはほんとうですか、と聞かれることがあります。

答えから言えば、それはほんとうです。

2つ前の項目で説明したように、蔵書数が多い家の子どもほど、学力が高いというデータがあります。でも、裕福な家庭ほど蔵書数が多いだろうし、蔵書数は親の経済力と関係しているのではないかというのは、だれもが思うことでしょう。

本文でも指摘したように、実際にデータを確認すると、そうした関係は明らかにみられます。社会経済的地位の高い親の家庭ほど、つまり学歴や収入が高い親の家庭ほど、蔵書数が多くなっていました。

そうなると、親の学歴や収入の高さが、蔵書数の多さや子どもの学力の高さをもたらしているだけだということになります。それでは、蔵書を増やしたところで、子どもの学力向上を期待することはできません。

ただし、さらにデータを詳細に検討してみると、そうではないことがわかります。つまり、学歴や収入の低い層でも、高い層でも、それぞれの層の中では、蔵書数が多い家庭の子どもほど学力が高いという傾向が明らかにみられたのです。

ここから言えるのは、経済力がどうであっても、蔵書数を増やすことで、子どもの学力向上が期待できるということです。

ただし、2つ前の項目でもアドバイスしたように、単に本を増やせばいいということではなく、親自身が本を読んだり、知的好奇心をもったりすることが大事です。そこは勘違いしないようにしましょう。

そうした親の姿勢が子どもを刺激し、また子どものモデルとなって、子どもが本を読む楽しさを味わうようになる可能性が高まります。それによって子どもの語彙力・読解力が高まり、自主性や集中力も身につき、思考力や想像力が鍛えられていきます。そうした積み重ねが、学力の向上につながっていくと期待されます。

子どもが小さくても図書館や書店に連れて行くべき？

子どもが小さいうちから本に馴染ませることが大切と言われることから、まだ読書する年齢ではない幼児を図書館に連れて行く親もいるけれども、それは意味があるのかと聞かれることがあります。

図書館に行っても、字も読めず、本の表紙のタイトルの文字も読めないため、ただ絵を見ているだけだし、すぐに気が散ってあちこちウロウロしているだけなので、どうも意味があるようには思えないという人もいるようです。

たしかに、そんな感じになりがちだと思います。でも、幼児期の場合、本を読ませるというより、本に馴染ませること、本のある環境を当たり前と感じるように導くことが大切になります。

　ですから、字が読めるかどうか、本を読むかどうか、ということは気にする必要はありません。本がたくさんある場所に日常的に連れて行き、本のある環境に馴染ませることに重要な意味があるからです。

　本を読まない子と本を読む子の大きな違いは、本を読むことのハードルの高さです。本を読まない子にとって、本を読むというのはとてもハードルの高い行為なのです。なぜそうなってしまうかと言うと、本を身近に感じる環境で育ってこなかったからです。

　大人だって同じでしょう。本を読まない高校生や大学生が半分もいるのですから、本を読まない子育て中の大人も半分くらいはいるはずです。

　ちなみに文化庁が全国の16歳以上の男女を対象に２０１９年に実施した「国語に関する世論調査」によれば、本を１ヵ月に７冊以上読むという人が３・２％、５〜６冊読むという人が３・２％、３〜４冊読むという人が８・６％、１〜２冊読むという人が37・

6%となっています。これをみると、冊数はさまざまですが、とりあえず毎月本を読んでいるという人が約半数いることになります。

ということは、逆に言えば、本を月に1冊も読まないという人が約半数いるわけです。そのような大人だって、本がためになることは知っているでしょう。それでも読まないのは、本を読むという行為が非常にハードルの高いものになってしまっているからと言えます。

わが子がそうなるのを防ぐためにも、本に馴染ませる工夫が必要です。ゆえに、字が読めるかどうか、本を読むかどうかにとらわれずに、暇を見つけて図書館に連れて行くのは効果的だと思います。

字が読めなくても、表紙の絵が気に入って眺めてるだけでもいいし、絵本をパラパラめくって楽しむのもいいし、「何て書いてあるの？」と聞いてきたら、読み聞かせをするチャンスです。

書店に連れて行くのもよいでしょう。図書館のようには自由に読めませんが、本が溢れる環境に身を置くことで、自然と本に馴染んでいくはずです。

小学校に入るまでの読書が最も効果的?

小学校に入る前に勉強をやらせるより、読書をさせた方がよいのかと尋ねられることがあります。

この本の冒頭部分で紹介したように、ノーベル賞を受賞したヘックマンは、幼児期に知育のように知的能力を鍛えても長期的にはあまり効果はなく、それよりも非認知能力をしっかり身につけることの方が重要であることを実証しました。それによって将来の学歴や年収が違ってくるということが、その後の研究によっても明らかになっています。

その非認知能力というのは、自分をやる気にさせる能力、忍耐力、衝動をコントロールする能力、人の気持ちに共感する能力などです。

そうしてみると、小学校に入ってから勉強についていけなくなるといけないからと、小学校でやることになる勉強を先取りして、計算を習ったり、漢字を習ったりさせる家もありますが、そうした勉強をするより、読書によって意欲や忍耐力、共感性などの非認知能力を高めておくことの方が大切と言えるでしょう。それに加えて、読書によって認知能力の基礎とも言える読解力を鍛えることができます。

　非認知能力が高ければ、意欲的かつ忍耐強く勉強にも向き合えるし、クラスにも溶け込みやすく、良好な学習環境が得られます。

　また、読解力は、あらゆる教科の勉強に応用が利きます。どんな教科を学ぶにも、その解説が記されている教科書や参考書を読解できないと困るでしょう。読解力がないと、国語のみならず、算数や社会や理科の解説を理解することもできません。

　読書によって意欲や読解力が身につくことはすでにおわかりと思いますが、その読書はいつ頃からするのが効果的なのかが気になるところでしょう。

　これについては、本文で紹介した調査研究で得られた知見を思い出してください。

　まず思い出してほしいのは、中高生も成人も、子どもの頃に本や絵本をよく読んだ人ほど読書好きで、1ヵ月に読む本の冊数が多く、1日の読書時間が長くなっていたことです。つまり、大きくなってから読書が習慣化している人は、子どもの頃から本や絵本に親しんでいることが多いのです。

　そして、子どもの頃に読書をよくしていた人ほど、意欲・関心が強く、人間関係能力が高く、論理的思考能力が高くなっています。そのような傾向は、就学前から小学校低学年の頃に絵本をよく読んだ人ほど顕著にみられました。

また、自分では本を読めないもっと幼い頃に、家族から本や絵本の読み聞かせをしてもらったり、昔話を聞かせてもらったりしたことの多い人ほど顕著にみられました。

さらに、小学校1年生から6年生まで、概ね学年が上がるにつれて、長時間読書をする子も、まったく読書をしない子も、どちらも増えていくという調査データを思い出してください。つまり、読書時間の二極化という現象が、すでに小学校1年生の段階から始まっているのです。

そして、成績が良い子ほど、読書時間が長いということもわかっています。

こうしてみると、できれば小学校に入る前の幼児期から絵本に馴染ませるようにした方がよいのは確かでしょう。

もうひとつ大事なのは、だんだん本を読めるようになっていくことで、「自分はやればできる」という自己効力感が得られることです。

絵本を見ながら、親に「なんて書いてあるの？」などと聞きながら読書し始めるのは、

4歳くらいからとされます。そして6歳くらいになると、ひらがなで書かれていれば、ひとりで読書できるようになります。

その間は、はじめのうちは、たとえば「アヒル」とか「かたつむり」というように意味のあるまとまりごとに区切って読むのではなく、「ア・ヒ・ル」「か・た・つ・む・り」というように1文字ずつ切り離して、たどたどしく読みます。

そのうち意味のあるまとまりを固めて読めるようになると、文章の意味がわかってきて、自己効力感が高まります。

そうした意味でも、小学校に入る前から、絵本や児童書を読み聞かせたり、絵本や児童書を一緒に読んだり、昔話などのお話を聞かせたりして、本の楽しさを味わわせるような働きかけが大切と言えます。

字も読めない頃の読み聞かせも、読解力を高める？

読解力というのは、せいぜい本を読めるようになってからのことであって、まだ字も読めない頃に読み聞かせをしても、読解力には関係ないのではないか。そんな疑問を口にする人もいます。

読解力というのは、文章を読んでその意味を理解することですが、その際に言葉からイメージを膨らますことが必要です。それは、書いてある言葉だけでなく、聞く言葉も関係します。

読解力のある人は、文章の意味をよく理解できるだけでなく、人の話もよく理解できるはずです。反対に、読解力の乏しい人は、文章の意味をよく理解できないだけでなく、人の話すこともうまく理解できません。

クレーマーが何かと相手の言うことを理不尽に感じてしまうのも、読解力が乏しく、相手の言うことが理解できないため、いちゃもんをつけられたように感じるのではないでしょうか。

そう考えると、言葉を聞いて言葉のイメージを膨らます訓練は、読解力を高める効果があると思われます。字がまだ読めないどころか、言葉を話すこともできない乳児期にも、子どもはすさまじい勢いで言葉を学習しています。

何も言葉をもたずに生まれてきた子が、周囲の親たちの話す言葉をただ聞いているだけに見えるのに、生後1年も経つと、突然言葉を話し始めます。これは驚くべきことです。生まれてすぐから、言葉の学習が始まっているのです。

それほど乳幼児期は言葉の吸収力があるわけなので、たとえ字が読めなくても、読み聞かせをすることで、言葉の学習を促進することができるはずです。

実際、自分では本を読めない時期の親による読み聞かせが、子どもの読解力を高める効果をもつことが証明されています。

たとえば、幼児期から小学校中学年まで追跡調査した研究でも、幼児期に親からよく読み聞かせをしてもらった子どもは、あまり読み聞かせをしてもらわなかった子どもよりも、小学校４年生になったときの読解力が高いことが示されています。

同じ本を繰り返し読むのでもいいのか？

ウチの子は同じ絵本ばかり読んでいるけれど、それでよいのか心配になるという人や、ウチの子は本をよく読むようになったけれど、いつも同じ児童書ばかり読んでいて進歩がないという人がいます。

同じものばかりでは、いろんな言葉や表現を学ぶことができないということで心配になるのでしょう。でも、考えようによっては、同じ絵本や児童書を繰り返し読むほどに本が好きになっているというのは、とても喜ばしいことでしょう。

いわば、お気に入りの絵本なり児童書なりがあるわけです。絵本や児童書にまったく関心を示さないといって悩んでいる人からしたら、何とも羨ましい状況と言わざるを得ません。

お気に入りがあるということは、読書好きになるための第一歩を踏み出しているとも言えます。せっかくお気に入りがあるのに、「同じ本ばかり読んでないで、違う本を読みなさい」などと言って別の本を与えたりしたら、せっかく歩み始めた本好きの道をたどるのを妨害することにもなりかねません。よけいなことは考えずに、思う存分読ませたらよいと思います。

一度さらっと読んでも、頭できちんと理解できていないこともよくあります。それに、記憶というのは、一度や二度読んだくらいで定着するものではありません。大人でも、かつて読んだ本を何かのきっかけで読み返すときなど、「そう言えばこんなことが書いてあったな」と思い出すものの、その先にどんなことが書いてあったかはなかなか思い出せないものです。だから同じ本を何度も楽しむことができてしまうのです。

子どもも同様に、同じ本を何度も楽しめるわけで、楽しみながら語彙も定着してくるし、文脈から知らない言葉の意味を推測するスキルも洗練されていきます。お気に入りの本を何度も読むことで、言葉も覚え、読解力も高まります。

ただし、ときに挑戦を促すのもよいでしょう。たとえば、２年生向けの本ばかり読んでいた子が、３〜４年生向けの本を読もうとすると、知らない言葉が結構出てきたりして、戸惑うこともあるでしょう。でも、文脈から知らない言葉の意味を推測できれば、語彙も増えるし、読解力も磨かれます。

その場合も、強制的に別の本を与えたりするのでなく、子どもが興味をもちそうな本を選んだり、子どもと一緒に書店や図書館で選んだりするのがよいでしょう。

親が買い与えるより、子どもが自分で選ぶ方がよい？

本を読むようにしつこく言わない方がよいのかという質問に対する回答のところで、

自律欲求について説明したと思います。人はだれでも、自分を操縦するコントローラーは、自分で握りたいものです。人から動かされることには抵抗があります。「つべこべ言わずに、言われた通りにすればいいんだ」というのは、モチベーションを最も低下させるセリフです。

同様に、「この本を読みなさい」と一方的に読む本を与えられるばかりでは、子どもの読書へのモチベーションは下がってしまいます。

子どもがまだ字が読めないうちは、自分で選ぶのは難しいでしょうし、親から与えられたものを自然に受け入れるでしょうから、親が選んで買い与えるのがふつうです。

でも、子どもに自発性が出てきて、一方的に与えられることに抵抗を示すようになったら、子どもの自主性を尊重する姿勢も必要です。

もちろん、子どもは教育的見地から本を選ぶということはできないので、ある程度は親がアドバイスする必要もあるかもしれませんが、その場合も、押しつけがましい感じにならないように配慮すべきでしょう。

その意味では、読む本を一方的に与えるのでなく、子どもと一緒に選ぶのがよいと言えます。

たとえば、書店や図書館で子どもの興味・関心を重視して、子どもに候補をいくつか選ばせてから、そのうちのどれにするかというところでアドバイスします。もし、どれもあまり適切でないと感じる場合には、子どもの興味・関心に近いもので読んでほしいものを選んで、「こういうのも面白そうだよね、どうかな」という感じで選ばせるのもよいでしょう。その場合も、複数の本を選んで見せれば、子どもが自分で選ぶことができます。

やはり名作を読ませるべきか？

ウチの子にも夏目漱石、森鷗外、宮沢賢治といった著名な文豪の作品を読むようになってほしくて、名作文学を選んで買い与えているのだけど、全然読んでくれない。そんなふうにこぼす人の声を、しばしば耳にします。

たしかに最近の読書傾向をみると、名作文学離れの傾向が顕著にみられます。

本文でも指摘しましたが、子どもや若者の読書離れを何とかしようということで、読書活動推進計画が策定され、たとえば朝の読書などを取り入れる学校が増えた結果、本を読まない子の比率が減ったり、読書冊数が増えたりといった成果が出ています。

でも、本を読むようになっている一方で、読みやすい本ばかりを読む傾向が顕著になっています。読書習慣をつけるには、面白くて読みやすい本から入るしかないのでしょうし、それは読書のハードルを低くするという点において、けっして間違っていません。

ただ、ずっとその状態のままでよいのか、不朽の名作と言われるような本を読むことも必要なのではないか、と不安になる親も少なくないようです。

実際、本文でも紹介したように、最近の読書傾向をみると、よく読まれている本のほとんどが、ごく最近映画化されて話題になったライトノベルやマンガが原作の作品となっています。

そのような読書傾向に対して、教育学者の折川司は、読書量や不読率の改善の陰で、中学生の読書の質が低下していると指摘しています。その根拠として、全国学校図書館協議会の学校読書調査による中学生が読んだ本の上位10作品について、1968年と2017年で比較するデータを示しています。

1968年の中学3年生によく読まれている本の上位10作品は、以下の通りでした。

①坊っちゃん　②ケネディ　③次郎物語　④二十四の瞳　⑤陽のあたる坂道　⑥戦争と平和　⑦嵐が丘　⑧野菊の墓　⑨十五少年漂流記　⑩車輪の下

2017年の中学3年生によく読まれている本の上位10作品は、以下の通りでした。

①君の膵臓をたべたい　②ひるなかの流星　③ぼくは明日、昨日のきみとデートする

④君の名は。⑤ハリーポッターと炎のゴブレット　⑥か「」く「」し「」ご「」と「

⑦また、同じ夢を見ていた　⑧この素晴らしい世界に祝福を！　⑨植物図鑑　⑩世界から猫が消えたなら

量的に読書量を増やそうという試みの中で質の低下が起こっているということですが、それは最近読まれている作品の質が悪いという意味ではなく、読みやすさにばかり走っているという意味なのだろうと思います。

この上位作品を見比べれば明らかなように、1968年の上位には、概して不朽の名作が並び、かなり難解な本も含まれ、読むのにかなりの根気を要するものにもあえて挑戦しようという気概が感じられます。大人になる前に教養を身につけておきたいといっ

た思いもあったのではないでしょうか。

それに対して、２０１７年の上位のうち、6作品が最近映画化されたもの、1作品がテレビアニメ化されたもの、そのうち1作品はマンガが映画化されたものであり、多くが非常に手軽に読めるものとなっています。そこには難解なものに挑戦しようといった気概や、教養を身につけたいといった情熱は感じられません。

軽い読み物でいいから、まずは本を読む習慣をつけさせることで読書のハードルを低くするという点においては、現在の読書推進の試みは成功していると言えるでしょう。問題は、そこから先どうするかということになります。

学校の教科書も、それを考えて収録作品が選定されているように思われます。

ただ、私が推薦入試をいくつかの大学で担当した際に、推薦のポイントとなる趣味・特技が読書となっているのに、最近どんな本を読んだかと尋ねると、だれもが「夏目漱石の『こころ』です」と答え、では漱石の本で他にどんな作品を読んだことがありますかと尋ねると、答えられないということもよくありました。教科書の作品以外は、軽いものしか読んだことがないから答えられないのでしょう。

読書が推薦の売り物になる趣味だとしながら、最近読んで感動した本は何かと尋ねると『世界の中心で、愛をさけぶ』です」と答え、どんな点が良かったかを詳細に説明したものの、読んでみて良かった本は他にどんなものがありますかと尋ねると絶句し、「ちょっと思い出せません」と言う受験生もいました。

読みやすい本が良くないというわけではありませんが、読書に慣れてきたら、これまで読んできた本よりも、ちょっと難しいと感じるものに挑戦するように導くことも大切だと思います。

発達の最近接領域という考え方があって、知的発達のためには、今はできないけれども、人の助けを借りればできるような課題に挑戦させて、ひとりでできるように導くことが大切だとされています。

それは、読書による知的発達にも当てはまります。まだ難しいけれども、少し頑張れば読みこなせそうな本を読むように促すことで、語彙力も読解力も高まっていきます。簡単に読める本ばかり読んでいても語彙は増えないし、読解力の鍛錬にもなりません。ちょっとだけ負荷をかけることで、発達を促すことができるのです。

それに、不朽の名作とされる作品を読むことは自信になります。「こんな本も自分は読んでるんだ」と思えることで、読書に対する自信がついていくはずです。

そのためには、本を読む習慣ができてきたら、「この本、結構有名なんだけど、読んでみたら。面白いと思うよ」などと名作とされる本を薦めてみるのもよいでしょう。

できれば親自身も読んでみると、説得力があると思います。かつて読んだことがあるものでも、十数年ぶり、あるいは数十年ぶりに読んでみると、違った印象になったりするものです。

ただし、消化不良にならないように、旧字で書かれていたり、文字がぎっしり詰まっているような、いかにも読みにくいものは避けるようにしましょう。大人でも読みにくいはずです。

名作とされるものは、同じ作品でも、いろんな形態で刊行されているので、比較しながらできるだけ読みやすいものを選ぶようにしましょう。

読書習慣のない親はどうしたらよい？

わが子に読書するように言いながら、自分自身はまったく本を読んでこなかったので、引け目を感じてしまうという人や、自分が本を読まないのだから、自分の子が読むようになるとは思えないという人もいます。

それなら、わが子のために、思い切って自分自身も読書習慣をつけるようにしたらどうでしょう。

結果として、語彙力や読解力が高まり、趣味の世界も広がり、教養も豊かになるので、仕事や人間関係に生きることがあるし、自分のためにもなります。

わが子がまだ乳幼児なら、読み聞かせをしたり、一緒に絵本をめくったりしながら、親子で一緒に本に親しむのもよいでしょう。小さい子ども向けの本でも、味わい深いものがあるので、読み聞かせながら自分自身も読書を楽しむことができると思います。

本を読む習慣がなく、語彙力も集中力もないし、読書というとハードルが高いという人も、子どもと一緒に絵本や児童書という読書の入門書から始めることで、徐々に語彙力や集中力だけでなく読解力も高まっていき、本を読むのが楽しくなり、自信もついてくるものです。

子どもの読書環境づくりのために、図書館に子どもを連れて行くことで、子どもだけでなく親自身も図書館を居場所のひとつと感じられるようになり、読書に対する抵抗感が緩和されていくはずです。

読書習慣のない親は、けっして珍しいわけではありません。全国学校図書館協議会が２０１９年に実施した学校読書調査によれば、「最近、家の人が本を読んでいるところをみかけるか」という問いに対して、「まったく見かけない」という小学生（４～６年生、以下同）27・５％、中学生35・５％、「あまり見かけない」という小学生18・１％、中学生21・７％となっており、小中学生の半数前後が、自分の親が本を読む姿を見ることがないことがわかります。

その一方で、「よく見かける」という小学生27・０％、中学生16・１％、「ときどき見かける」という小学生26・９％、中学生26・１％となっており、４割から５割の親が本を読む姿を子どもに見せています。

ここは一念発起して、本を読む姿を子どもに見せる側の親になってみたらどうでしょう。

わが子が本を読まないのが気になり、親が本を読まないのに本を読めと言っても説得力がないと思い、モデリング効果をもたらす親になるべく、子どもが家にいるときは、家事で忙しい時間帯以外は、とにかく本を読むようにしたという人もいます。

その人の場合、元々は子どもに本を読んでほしくて自分も本を読むようにしたわけですが、そのうち本の魅力の虜《とりこ》になり、児童書から本格的な小説や評論まで幅広く読むようになり、今では趣味は読書と胸を張って言えるようになったそうです。

また、わが子に本の読み聞かせをしたり、図書館に連れて行って一緒にいろんな絵本や児童書を読んだりしているうちに、本を読む楽しさがわかってきて、なんで自分は本を読まなかったんだろう、子どもの頃から読んでいたら、もっと心豊かに育っただろうし、自分にもっと自信がもてていただろうにと思ったという人もいます。

図書館では、時空を超えて、さまざまな人物に出会えます。実際には会うことのできない数百年前に生きた人物や遥か遠くの地球の裏側にいる人物の生き方に、臨場感をもって触れることができるし、そうした人物の書き残した思想や日記を読むこともできます。

同時代の日本にいる人物であっても、興味のあるすべての人に会うことなどできません。でも、本を通じてであれば、著名な文学者、科学者、スポーツ選手、芸能人、料理人、冒険家など、あらゆる人物の言葉や人生に触れることができます。

それは書店も同じです。書店の本棚を眺めていると、時空を超えて魅力を発する、さまざまな人物の言葉が押し寄せてくるような迫力に圧倒されます。

これまで読書に縁がなかったという人は、いきなり古典的名作とされる本を読もうとしても挫折してしまうでしょう。まずは図書館や書店に通ってみましょう。古今東西の本が溢れる書棚を眺め、そうした本の海の中に身を置くと、不思議な気持ちになり、ちょっとどれかをつまみ食いしてみたくなるはずです。そうした環境に馴染むことで、読書に対する抵抗感は和らぎ、本の魅力に徐々に気づくようになっていくはずです。

子どものためという思いをきっかけに、読書が趣味と言えるくらいに読書習慣づくりに挑戦してみたらどうでしょう。

マンガも読解力の向上に役立つ?

「ウチの子はマンガばかり読んでいて困る」と嘆く人もいれば、「ウチの子はユーチューブとかの動画を見るばかりで困る。せめてマンガでもいいから読んでくれたらいいのに」と嘆く人もいます。

ひと頃は、本を読まないでマンガばかりと言われたりしたのが、今やマンガさえ読まないと言われたりもするようになりました。

では、マンガは読む方がよいのでしょうか。読解力の向上に役立つのでしょうか。

本を読まない子どもや若者が多くなったことから、学習マンガがかなりつくられています。私も、マンガ家に絵を担当してもらい、私が脚本を書くという分業で、学習マンガをつくったことがあります。

そのような企画に乗ったのは、文字ばかりだと読む気が起こらないという人でも、マンガなら読んでみようという気になるかもしれないということに加えて、私は心理学の授業で日常生活の具体的場面を例にあげながら説明することが多いのですが、それが受講者には好評で、そこはマンガでも表現できると思ったからです。

学習マンガに関しては、とくに複雑な内容でなければ、内容理解の成績を向上させる効果があることが、いくつかの研究によって証明されています。

その意味では、学習マンガを読むのは、勉強になると言ってよいでしょう。

では、学習マンガではなく、一般のマンガ、つまり娯楽として読むマンガは、文字で書かれた本のように読解力を高める効果があるのでしょうか。

これについては、マンガの読解力と学校の国語の成績の間に正の相関がある、つまりマンガの読解力が高い子ほど、国語の成績が良いことを実証した研究もあります。文学作品をよく読んでいる子ほど、マンガをよく読解できることを確認した研究もあります。

でも、それはマンガを読むことで読解力が高まる証拠と言えるかというと、そうとも言い切れません。文字の本をよく読み、読解力が身についているため、国語の成績が良く、マンガもよく読解できるということかもしれません。

ただし、マンガを楽しむにも、コマとコマの間を埋めながら、ストーリーの流れを読み取らなければなりません。また、文章と違って説明が少ないので、セリフや表情や擬音などから背景や流れを読み取る必要もあります。

その意味では、マンガを読むことで、読解力が高まる可能性もあるのではないでしょうか。もちろん文章で書かれた本を読むに越したことはありませんが、動画ばかり見ているよりは、マンガを読む方がいいかもしれません。

電子書籍でもよいのか?

読書というとき、それは紙の本を指すのか、それとも電子書籍でもよいのかと尋ねられることがあります。

それについては一概にどちらがよいとか、どちらでもよいとか決めつけることはできません。紙の書籍と電子書籍、どちらにも一長一短があるからです。

それに加えて、電子書籍はまだまだ進化の途上にあり、これからどんな機能が備わってくるかわからないということもあります。

たとえば、紙の本で、「あれはどこに書いてあったかな?」と、ある言葉や内容の書いてある箇所を捜すのはひと苦労ですが、電子書籍なら容易に検索できます。

一方で、検索するには言葉がはっきりしている必要がありますが、「何か、気になったんだよなあ。どこを読んでるときだったかなあ？」と捜す箇所が漠然としているときなどは、紙の本の方が「右ページのこのあたりの位置だったよなあ」と見当をつけ、そのあたりに目をつけながらページをパラパラめくって捜し出すことができて便利です。電子書籍の場合は、右ページか左ページかなどは意識に残らないので、キーワードで検索するのでない場合は紙の本より不便です。

そう考えると、項目を検索する使い方をすることが多い図鑑や事典などは、電子書籍の方が便利かもしれません。

ただし、図鑑でも、紙の本ならいつでも目に見えているため存在感があり、目につくからついパラパラめくりたくなるということがありますが、電子書籍の場合はスイッチを入れて起動して、本を選択して立ち上げるまでは現物が存在しないので、目につくからつい手に取り、読んでしまうということにはなりにくいでしょう。

子どもが読書をし始める頃は、読みたい本を検索して探すというより、たまたま目の前にある本を引っ張り出してパラパラめくるという感じになることが多いと思います。その意味でも、紙の本の方が、たまたま手に取ることになりやすいでしょう。

また、紙の本の手触りの感触や、ページをめくるときの感触は、本を読んでいるといった体感を生み、本に対する愛着を感じさせやすいと考えられます。

言語脳科学者の酒井邦嘉《くによし》は、手帳とタブレット、スマホという3つのメディアを比較する実験を行い、手帳の方がタブレットよりも記憶に残りやすいこと、手帳の方がタブレットやスマホよりも書き留める速度が速いことを報告し、デジタル教材やタブレット端末に頼ると学力低下に陥る危険もあるとして、デジタル化に対して警鐘を鳴らしています。

ここでは学習教材の話ではなく、一般の電子書籍について考えているわけですが、やはり表紙のデザインや背表紙の文字が目につきやすく、物としての存在感がある紙の本の方が、電子書籍リーダーという端末機器しか目に見えない電子書籍よりも、本を読むきっかけになりやすいと言えます。また、本に対する愛着が生じやすいという点でも、子どもには適しているように思われます。

読書日記や感想文は効果がある？

本を読むだけでなく感想をノートに書き留めさせるのがよいと言われ、子どもにそうするように言ったのに、なかなか書かなくて困るとこぼす人がいます。子どもに読書日記のための豪華できれいなノートを買ってあげたけれど、ほとんど書いていないと嘆く人もいます。

そして、やはり本を読んだら感想を書かせた方がいいんですよねと尋ねられることがあります。

感想を書く方が、読解力をはじめ、知的発達のためによいというのは確かです。とても面白い本でも、ワクワクしながら読んだ後で、そのワクワクする気持ちを感想文に書くには、自分の心の中にうごめく思いを言葉にしなければならず、結構苦労するはずです。

読み始めたら本の中の世界に取り込まれ、ページをめくるのももどかしい感じで、一気に読み終えたとします。その本はとても良かったと感じるでしょうが、どのように良かったのかを文章にするように言われると、だれもが少なからず戸惑い、すぐに文章化するのは難しいものです。

だからこそ、自分の思いを言葉にするというのは、頭の中を整理するのに役立つのです。カウンセリングで自分の思いを、ああでもない、こうでもない、やっぱりこういうことかもしれないなどと、何度も語り直すことをしているうちに、自分の中のモヤモヤした思いが言語化され、それによって気持ちが整理されて、スッキリした気分になります。

文章にするのも同じです。語るにしても、文章にするにしても、自分の中の漠然とした思い、たとえば楽しさとか感動とかを言葉ですくい取る必要があります。そうしないと言葉にできません。言葉にするということには、自分の心を整理するという重大な役目があるのです。

その意味でも、本の感想文を書くことで、自分の思いを言語化する訓練ができます。それができている人は、自分の気持ちや考えを整理するのが上手です。

ただし、感想を書かせることにこだわりすぎると、かえって逆効果になりかねません。自分自身の思ったことを書けばよいのだからと言われても、自分の中の思いを言葉にするのは容易なことではありません。

それは、読書に限りません。そして、子どもに限ったことではありません。想像してみてください。テレビドラマでも映画でも、面白かったり感動したりして引き込まれた作品があったとして、それがどのように面白かったのか、どのような点に感動したのかを感想文にしてくださいと言われたとしたら、どうでしょうか。困惑しませんか。自分の心の中の動きを文章にするのは、非常に難しいはずです。

テレビドラマや映画を楽しむたびに、そうした作業を課せられるとしたら、楽しかったテレビドラマや映画が苦痛になってしまうのではないでしょうか。

それと同じく、本を読むたびにそのような作業を課せられるとしたら、せっかく本を楽しんでいた子も、読書が嫌いになってしまう恐れがあります。

そう考えると、読書日記や感想文を強制するのはよくないでしょう。自分の思いを記念に書いてみたければ自由に書いてみれば、といった感じで、きれいな読書日記帳でも買ってあげる、といった感じがよいのではないでしょうか。

本の要約は読解力向上に役立つ？

教科書の文章の要約をつくるということを、先生は子どもたちにさせているけれども、それは読解力を高めるのに役立つのでしょうか、もしそうなら家で本を読むときも要約をつくらせると読解力向上に役立つのでしょうか、というような質問をされることがあります。

文章を要約するというのは、読解力を鍛えるのに非常に有効な方法だと思います。

最近は、教育現場でも過剰にわかりやすく工夫された教材を使ったりするため、自分で読解する能力が磨かれていないという問題があります。

第3章でも紹介しましたが、大学でも、パワーポイントを使って授業をする教員たちが、大事なところは字を大きくしたり、さらに大事なところは色を変えたりするため、読解力を鍛えるためにそのようなことをしない私の授業では、「何が重要なのかわからないので、他の授業みたいに大事なところは字を大きくしたり色を変えたりしてもらえませんか」と学生から言われることがあります。「話の流れがわからないから、授業内容を図解して、矢印で流れを示してもらえませんか」と言われたこともあります。

その一方で、自分なりに大事だと思うところをメモして、とくに重要だと思う箇所には線を引いたり囲んだりして強調し、話の流れを自分なりに図解したりして、「こんなふうに整理したんですけど、こういう理解でよかったですか?」と質問に来る学生もいます。

つまり、何かについて解説する文章を読んだり、口頭による解説を聞いたりして、自分でどこが大事か、話の流れはどうなっているのかといったことを、自分で読解できる人もいれば、自力では読解できない人もいるのです。

後者の場合は、文章を読んだり、大事な点をまとめたりといったことをしてこなかったため、読解力が身についていないのでしょう。

新聞のコラムなどの短い文章を要約するというのは、小学校高学年でやらされたことがある人が多いのではないでしょうか。それは、まさに筆者が何を言いたいのかを読解する訓練になっています。

その意味で、新聞のコラムを要約することは、読解力の鍛錬として有効でしょう。ただし、コラムそのものが、すでに言いたいことがギュッと凝縮されているので、その要約は比較的簡単だと思います。

それに対して、1冊の小説全体のストーリーの流れを要約したり、1冊の評論で著者が何を伝えたいのかを要約するというのは、非常に壮大な作業となります。読解力の鍛錬にはなるにしても、あまりに難易度が高くなってしまいます。

現実的には、本の中のひとまとまりに区切りをつけて、小説ならそこでどんなことが起こったのか、評論ならそこで著者は何を言いたいのかをまとめてみるのがよいでしょう。

いわば、学校時代に取り組んだ国語の問題に解答するような感じです。国語の問題集などは、短い文章を要約させたり、著者の言いたいことは何かを考えさせたり、主人公はどんな気持ちかを考えさせたりするので、読解力の鍛錬になります。

本を読んで自分で考えたことをノートに記すとよい?

本を読むとき、著者の言いたいことを読み解くのではなく、読みながら自分が考えたことや思ったことをノートに記すとよいと聞いたことがあるけれど、それは効果があるんですかと尋ねられたことがあります。

その場合の効果が何を意味しているのかは、聞く人によって違っているかもしれませんが、本を読みながら思い浮かぶことや考えたことを書き記すことは、読解力の鍛錬になるばかりでなく、自分の心の中を整理する効果もあります。

本を読んでいると、「あっ、自分もこれに似たことを経験したことがあったな」と、長らく思い出すこともなかった遥か昔の出来事を思い出すことがあります。そのようにはっきり思い出すことがなくても、「なんか、こんな感じのことがあったなあ。何だったかなあ」と気になり、記憶の世界をさまよい始めることもあります。

とくに本に書いてあることに似た経験でなくても、本に書いてあることをきっかけにして、突然何らかの記憶がよみがえることもあります。

このように読書には、自分自身の記憶の世界から日頃忘れていたことがらを掘り起こしてくれる効用があります。

本を読みながら思い出すことを記していくと、自分の人生を深く理解するための手がかりの宝庫ができあがっていくでしょう。それを読み返すと、自己発見につながるのみならず、懐かしい気持ちになり、心が癒やされることもあるでしょう。

本を読みながら、作者の思いや登場人物の思いをたどるだけでなく、自分自身の心の中で喚起された思いを書き記すという読み方も、心を豊かにしてくれます。

作者や登場人物の言動に対して共感する自分がいたり、反発する自分がいたり、まるで関係のなさそうな思いに浸る自分がいたりすることがあります。そんな思いを書き記すことで、自分の心の癖に気づいたり、自分にこんな面があったのだと新たな自己発見があったりします。

本を読みながら、作者や登場人物の意見に賛同したり、異を唱えたくなったりすることもあるでしょう。そうした経験が自分の考えを深めるきっかけになります。

友だちと語り合う中で、友だちに反論したり、心の中で「そうじゃないだろう」と思ったりすることで、自分の考えがはっきりとした形を取ってくることがあります。読書は、そうした身近な友だちに限らず、ありとあらゆる人物との語り合いの場を与えてくれます。いろんなジャンルの人物やさまざまな経験をしている人物との対話によって、自分の考えをどこまでも深めていくことができます。

このように本に書いてあることを刺激にして発想を膨らますことができるのも、読書の効用と言えるでしょう。

本を読まずにネットで情報を得ることの悪影響とは?

これまでの人生経験や読書を通して自分なりに深く考え、消化したものが頭の中に蓄積されている人が、ネット情報をきっかけに、自分の中から何かを引き出すというならよいのですが、子どもの頃からネット検索で安易に答えを見つけようとしていると、自分の頭で考える習慣が身につきません。

ネット検索の習性が身についてしまうと、何かあったとき、どうしたらよいかの答えを考える際に、自分の中で醸成された知識や経験をヒントに知恵を絞るというのではなく、ネット空間のどこかに答えはないかと探す感じになり、自分の頭でじっくり考えるということが省略されがちです。

そうなると、自分でじっくり考えて答えを出した場合と違って、自分の中に思考プロセスが深く刻まれていないため、似たような状況に遭遇した際に応用が利きません。

また、ネット検索では、専門家や知識・経験が豊かな人が深く考察した内容だけでなく、思考の浅い人の意見や、知識・経験の乏しい人の意見が出てきます。かなり的外れな検索結果もあります。

そこで、自分の中に知識や経験の蓄えがなかったり、自分の頭でじっくり考える習慣がなかったりすると、検索結果のどれを参考にすべきかの取捨選択もできません。

これからは何でも検索できるから自分で知識をもつ必要がない、外部記憶装置を利用すればよいなどと言う人もいますが、それは大きな勘違いです。外部記憶装置を有効に使いこなすにも、知識や経験が必要となります。

知識に縛られると発想が貧困になるなどと言う人もいますが、そこにも大きな勘違いがあります。発想というのは、何もないところに、いきなり湧いてくるものではありません。

たとえば、専門家がこれまでの研究生活で得られた知識や経験をもとに発する意見よりも、何の専門的知識もない人が思いつきで発する意見の方が参考になると言えるでしょうか。知識がない人の意見の方が価値があるなら、専門家などいらないし、何でも素人でよいことになります。でも、実際はそんなことはあり得ません。

そう考えると、読書によって先人の経験や知識・意見を刺激にして、自分なりに何か感じたり、ああだこうだと考えをめぐらせたりする経験を積むことは、とても大事なことと言えます。それによって思考力が鍛えられ、知識・教養も蓄積され、豊かな発想ができるようになるでしょう。

スマホによって集中力がなくなり、スマホが身近にあるだけで、子どもは学校の成績が悪くなり、大人も知的課題の成績が悪くなることが実証されていますが、インターネットにも同じように自分の心の世界に沈潜するのを妨げる作用があります。

ネット依存によって衝動的になりやすくなるということもありますが、じっくり考えるよりも、「何かないかな」とつぎつぎにクリックしていく習性が身についてしまいます。

これからの時代、成長するにつれてネット検索する機会がますます増えていくと思います。だからこそ、せめて子ども時代には、自分のペースで本を読みながら、ゆったりとした時間を過ごすことが大切です。

学校の勉強を先取りする子より、外で遊ぶ子の方が読解力が高いのはなぜ？

子どもビジネスといって子どもをターゲットにした塾や習い事産業が盛んで、わが子の早期教育に走る親も少なくありません。

そんな人たちに向けて、勉強をさせる幼稚園に通った子よりのびのび遊ばせる幼稚園に通った子の方が語彙力が高いというデータがあることを話すと、どうしてですかと尋ねられることがあります。

語彙力も含めて学力には大きな個人差があるので、一概には言えませんが、幼児期には遊びを通して学ぶことがたくさんあり、机上の勉強ばかりしていると、実生活に根ざした経験が非常に乏しくなることが懸念されます。

たとえば、昆虫の名前を図鑑で覚えた子と、原っぱや森林で遊び回って実際にいろんな昆虫を間近に見たり、捕まえたりした子では、昆虫に関する知識の質が大きく違うはずです。

生き物に限らず、土や石、川や池についての知識も、勉強として覚えた子と、実際に遊びを通してさまざまな性質を体得した子では、知識の厚みが違ってきます。

同じ語彙をもっているとしても、それぞれの言葉から連想されるイメージに生き生きしたものが感じられるかどうかは、実際の経験の幅によって決まってくるのでしょう。

生きる力をつけることが大切と言われますが、その基盤は自然体験や友だち関係など、幼児期の遊びを通した経験に負うところが大きいと思われます。

早期教育には効果があるのかと尋ねられることが多いのですが、効果があるかないかと言ったら、間違いなく効果はあります。

漢字を学ばせれば、周りの子たちがひらがなも十分に習得していないのに、漢字が読めたり書けたりするでしょう。英会話を学ばせれば、周りの子たちがわからない言葉をしゃべるはずです。足し算を学ばせれば、周りのだれもが計算などできないのに、足し算ができるようになるでしょう。

つまり、早期教育にはたしかに効果があります。だから、子どもビジネス業者の宣伝文句に偽りはないと言っていいかもしれません。

「効果があるなら、早期教育を受けさせた方がいいんですよね」と尋ねられたりしますが、それは違います。効果があることと、意義があることを、しっかり区別して考える必要があります。

たとえば、初歩的な漢字を周りの子より早く覚えたところで、小学校に入ればすぐに追いつかれてしまうでしょう。簡単な英会話くらい、いずれだれでもできるようになります。足し算も、いずれだれもが簡単にできるようになります。

そんなことは、後でいくらでも学ぶ機会があります。むしろ、そんなことのために、本来幼児期に十分経験しておかなければならないことが欠落してしまうことの方が、深刻な問題につながりかねません。

人との距離感がつかめないため人間関係が苦手といって、生きづらさを訴える人もいますが、そこにも幼児期以来の遊びを通した学びの乏しさが関係していることが少なくないように思われます。人間関係が苦手となると、いくら能力を身につけても、それを活かすチャンスになかなか恵まれません。

また、遊びというのは、まさに自発的な活動です。やれと言われてやるのでなく、子ども自らやるのであって、「もう、いいかげんにお終いにして、帰りましょう」と言われても、なかなかやめられないものです。子どもは、好奇心のままに、いろんなことに興味をもちます。

そうした遊びに夢中になることで、自発性や集中力が思い切り発揮されます。言われた通りに習い事をしたり、勉強したりという感じだと、自発性も集中力も身につかないでしょう。それでは、いつか勉強しなければならなくなったときに、自発的に動いたり、やるべきことに集中したりするのが難しくなるでしょう。

「課題が出ると、図書館に行って資料に当たったり、自分で考えてすぐに動ける友だちがいますが、私はだれかに言われないと動けないタイプだから、何をするにも自信がないんです」「僕は集中力がないからダメなんです」などと相談に来る学生がいますが、幼い頃に自発性や集中力を培っておかないと、後になってから困ることが多いようです。

英語よりも読書に力を入れるべき？

幼児期から英会話を習わせている人が周りにいるということで、「ウチの子も英会話教室に通わせた方がいいかなと思うんですけど、どうでしょうか。それとも読書させた方がいいんでしょうか」などとアドバイスを求められることがあります。

日本人は英語コンプレックスが強いせいか、英会話ができることがすごいことだと思いがちです。そこに大きな勘違いがあります。なぜなら、英語圏の家庭で生まれ育てば、

2～3歳で英語ペラペラなはずだからです。だからといって「頭が良い」とか「すごい」などと思う人はいないでしょう。

なぜ日本の親たちの間で英会話熱が高まり、競うようにしてわが子に英会話を習わせようとするのかと言えば、英会話ができることがカッコイイと思っており、英語ができる子は頭が良いと思っているからでしょう。

英会話というと、日本人は勉強と同じもののように勘違いしがちですが、日本語の会話で考えてみれば、その勘違いに気づくはずです。

たとえば、おしゃべりな子が勉強ができるというわけではないでしょうし、おしゃべりな子を見て「あの子はすごい」「あの子は頭が良い」とは思わないでしょう。

こうした勘違いをしてしまう理由として、かつては英語ができる子は勉強ができる子だったということもあります。そんな親自身の学校時代の経験が勘違いさせるといった面もあるでしょう。

今の学校の英語の授業は、英会話中心になっています。それを良いことのように思う人が多いようですが、それによって英語の授業は頭を鍛える勉強ではなくなり、おしゃべりのスキルを身につけるものに変わり、勉強とはかけ離れた活動になったのです。

かつての英語の授業では、英文学を読んだり、文化評論を読んだりして、それを読解したり、日本語に翻訳したりすることが中心でした。そのような授業では、英語や日本語の知識を駆使し、国語で鍛えた読解力を最大限発揮しようとすることで、言語能力が鍛えられました。

人間は言語で思考するので、言語能力が鍛えられれば、思考力も高まります。さらには、小説や評論の内容を理解することで教養も豊かになります。そんな英語の授業は、頭を鍛え、知力を高めるための勉強になっていました。

こうした事情ゆえに、かつては英語ができる子は、他の教科も含めて勉強ができる子だったのです。

それに比べて、英会話の授業は知的なトレーニングにはなりません。そこで行われるのは、英語圏で生まれた子が幼児期までにできるようになる程度のことを身につけるための訓練に過ぎません。

脳が著しい発達を示す幼少期に、その程度の英会話力を身につけるために貴重な時間と労力を費やしてしまってよいのか疑問です。

実際、小学校から英語を習わせることになったのは産業界の要請が強かったからでしょうが、英語教育などの専門家の多くは、小学校から英話を学ばせることに反対の姿勢を取ってきました。

学力と関係するのは、会話力や発音ではなく、読み書き能力です。そこで重要なのは、日常会話で用いるコミュニケーション言語と、勉強に必要な学習言語を区別することです。コミュニケーション言語を習得することで日常会話はできるようになっても、それだけでは学校での勉強など、知的活動に対応することはできません。

幼い頃から英会話を習うことで、日本語も英語もペラペラになったとしても、思考の道具としての学習言語を身につけていなければ、学校の授業についていけないばかりか、自分の内面の繊細な思いを表現できなかったり、抽象的な議論が理解できなかったりします。

これでは専門的な本を読むこともできないし、就ける職業も限られてくるでしょう。

日本語の読解力が身についていないと、教科書に書いてあることも、先生の解説も、まるで知らない国の言葉のように理解不能になってしまいます。それでは、あまりにかわいそうです。

こうしてみると、答えは明らかです。英会話を習わせるよりも、読書によって言語能力を高める方が、よほど将来のための知的トレーニングになると言ってよいでしょう。

本を読む習慣のない大人は、なかなか本が読めないのでは？

若い頃に書物に親しんでいた人でさえ、スマホの影響で本を読むことが少なくなっているのだから、こんな時代に幼い頃から読書習慣のない子が大人になると、なかなか本が読めないのではないかといった懸念を口にする人がいます。

まさにその通りだと思います。

本文でも紹介した通り、子どもの頃に本や絵本を読んだ経験が豊かな中高生ほど、読書が好きで、1日の読書時間が長く、1ヵ月に読む本の冊数が多くなっています。ここから言えるのは、子どもの頃に本をよく読んでいた子ほど、中学生や高校生になっても本をよく読んでいるということです。

成人を含む調査でも、子どもの頃の読み聞かせが原点となり、小さい頃に本との接触が多い人ほど、成長してからも本に親しんでいることが示されています。

考えてみれば当然のことですが、幼い頃から本や絵本に親しむことが大切で、読書習慣が身についていたかどうかによって、その後の読書傾向が大きく左右されるというわけです。

かつては電車の中で本を読む人が結構いたものですが、最近ではほとんどの人がスマホをいじっており、本を読んでいる人は1車両にほんの数人しか見かけません。

本文の中で詳しく説明したような読書の効用を考えると、これはとても残念なことと言わざるを得ません。

わが子の将来のためを考えると、家の蔵書数を多くしたり、絵本や児童書の読み聞かせをしたり、図書館や書店に頻繁に連れ出したり、親自身が本を読む姿を見せたりと、幼い頃から読書環境を整えて、本に馴染ませてあげることが大切です。

現在のスマホ依存的な世間の動向をみると、幼いうちに読書習慣を身につけておくことは、ますます重要になると思います。

著者略歴

榎本博明《えのもとひろあき》

ＭＰ人間科学研究所代表、心理学博士。
一九五五年東京都生まれ。
東京大学教育心理学科卒業。
東芝市場調査課勤務の後、東京都立大学大学院心理学専攻博士課程中退。
川村短期大学講師、カリフォルニア大学客員研究員、
大阪大学大学院助教授等を経て、現職。
『伸びる子どもは○○がすごい』（日経プレミアシリーズ）、
『病的に自分が好きな人』（幻冬舎新書）など著書多数。

幻冬舎新書 657

親が「これ」をするだけで、子どもの学力は上がる！

二〇二二年六月二十日 第一刷発行

著者 榎本博明
発行人 見城 徹
編集人 小木田順子
編集者 四本恭子

発行所 株式会社 幻冬舎
〒一五一-〇〇五一 東京都渋谷区千駄ヶ谷四-九-七
電話 〇三-五四一一-六二一一(編集)
〇三-五四一一-六二二二(営業)
公式HP https://www.gentosha.co.jp/

ブックデザイン 鈴木成一デザイン室
印刷・製本所 株式会社 光邦

Printed in Japan ISBN978-4-344-98659-6 C0295
え-3-3

*この本に関するご意見・ご感想は、左記アンケートフォームからお寄せください。
https://www.gentosha.co.jp/e/